W0189726

Stb

Thorsten Weiss

Lebe
neue
Bewusstheit

Entfalte dein Akasha-Potenzial

Als Vorlage diente die 2010 im Schirner Verlag
unter gleichem Titel erschienene Ausgabe.

ISBN 978-3-8434-3033-3

© 2013 Schirner Verlag, Darmstadt
1. Auflage März 2013

Umschlaggestaltung: Murat Karaçay, Schirner,
unter Verwendung des Bildes 11544435 von DeVlce,
www.fotolia.de
Satz: Heike Wietelmann, Schirner
Printed by: OURDASdruckt!, Celle, Germany

www.schirner.com

Inhalt

Vorwort

Liebe Leserin, lieber Leser,

dieses Buch, das du heute in den Händen hältst, ist ein wichtiger Wegweiser für dein Leben. Ich bin mir dessen daher so sicher, weil ich weiß, dass es kein Zufall ist, dass wir uns heute auf diesem Wege begegnen, und wahrscheinlich weißt du das auch. Vielleicht steckt in diesen Zeilen für dich keine große Neuigkeit. Doch dann sind sie wahrscheinlich der letzte kleine Impuls, der dir bisher gefehlt hat, um deinem Leben noch mehr Wert zu geben; um noch mehr Freiheit und Frieden zu empfinden.

Von seinem Wesen her ist dieses Buch nicht nur eine Sammlung theoretischen Wissens und abstrakter Erfahrungen, sondern es enthält auch viele praktische Übungen. Denn was ist Wissen, wenn die daraus entstehenden Erfahrungen im Leben fehlen?

Aus diesem Grund ist dieses Buch so aufgebaut, dass an den Stellen, an denen ein entsprechender Inhalt in dein Bewusstsein oder dein neues Denken integriert werden kann, direkt auf die theoretische Erläuterung eine Übung folgt. Bitte lege dann das Buch zur Seite, und mache die Übung, bevor du weiterliest. Es lohnt sich, denn du wirst dadurch einen wahren Schatz in dir entdecken. Du kannst mithilfe der Übungen tatsächlich ganz tief in deinem Inneren dein Selbstbild verändern. Und wenn du dies erst einmal erreicht hast, dann wird sich auch im Außen vieles für dich ändern können. So funktioniert es, das Gesetz der Resonanz. Erst wenn in dir die Veränderung erreicht ist, kannst du sie auch im Außen in dein Leben ziehen. Dann aber geschieht es auf genau diese einfache Art und Weise.

Nun wünsche ich dir für die kommende Zeit – und dein ganzes Leben – viele Segnungen, weitere positive Entdeckungen und so viel Schönes, dass du vor lauter Glück nicht weißt, wo dir der Kopf steht!

Von Herzen
Thorsten Weiss
Niederlande im Februar 2010

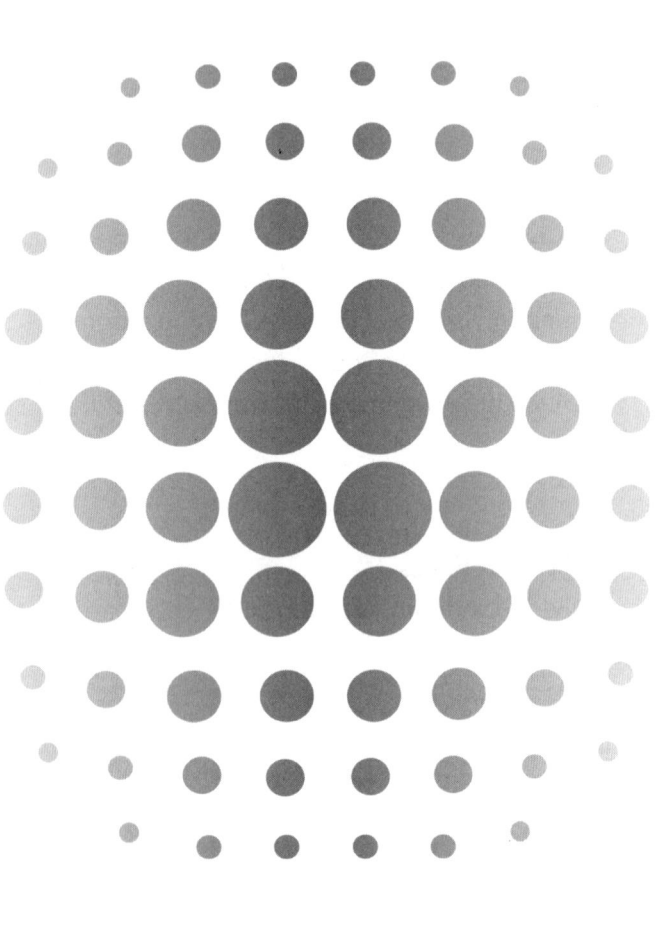

Das Wunder der neuen Zeit

Die Menschheit steht am Beginn einer aufregenden neuen Zeit der globalen Veränderungen. Wir treten jetzt in eine Zeit ein, die voller Chancen für die Menschen steckt, die ihr Leben spirituell ausgerichtet haben. Energien fließen viel leichter, und Veränderungen sind fast ohne Anstrengung möglich.

Du wirst dich jetzt vielleicht fragen: Was bedeutet das für mich persönlich? Was kann ich in dieser Zeit Besonderes tun?

Beispielsweise wird es mehr Chancen für dich geben, dein eigenes Unternehmen zu gründen, Heilen auf deine wahrhaftige Weise zu praktizieren, mehr Möglichkeiten und Klarheit für dich, das zu sagen, was du mitzuteilen hast, mehr Chancen für dich, ein Vorbild für andere Menschen zu sein, ein Leuchtfeuer für jene, die in Not sind und ihren Weg noch nicht entdeckt haben. Es wird mehr Chancen geben, deine Träume in die Welt zu bringen, sie hier zu verwirklichen und Freude daran zu haben, sie auszuleben. Es wird mehr Möglichkeiten als je zuvor geben, dein Wesen, deine eigene Göttlichkeit und dein wahres Selbst zu entfalten. Es wird mehr Chancen für Wohlstand und Überfluss in deinem Leben geben. Ignoriere deine Chancen bitte nicht länger, wie du es vielleicht jahrelang getan hast.

Wenn du Geldprobleme hast, dann höre auf, davonzulaufen. Höre auf, ein Spiel zu spielen. Höre hin, was dir diese Zeit zu sagen hat – höre bitte endlich auf dich selbst. Dein höheres Selbst ist es müde, zu leiden, müde, Rechnungen gerade noch bezahlen zu können. Es ist ein altes Spiel.

Es gibt viele sehr wirkungsvolle Methoden und Übungen, um diese alten Muster aus deinem System zu lösen. Du wirst spüren, dass sich in deinem Leben immer etwas verändert hat, wenn du bestimmte Dinge in dir verarbeitet hast. Fühle dich eingeladen, deine Meisterschaft vorzubereiten und sie endlich zum Ausdruck zu bringen. Verpasse diese Möglichkeit nicht!

Die Chance, etwas Neues zu verwirklichen, wird in der neuen Zeit so groß für dich sein wie niemals zuvor, wenn dein Leben bereits eine spirituelle Ausrichtung oder Grundlage hat. Die Chancen werden im Jahr 2013, in dem viele den Beginn eines neuen Zeitalters sehen, und danach so groß sein wie nie zuvor. Wenn du auf eine bessere Chance wartest, wirst du einfach nur weiter warten. Nach 2013 wird irgendwann 2020 sein – und du wirst immer noch nichts verändert haben. Wir sind jetzt am Beginn der neuen Zeit, und der entscheidende Zeitpunkt ist: jetzt.

Und wenn du beim Lesen dieser Zeilen gespürt hast, dass sie etwas in dir anregen, dann mache etwas. Mache es gleich. Ja, du wirst etwas dafür tun müssen. Du kannst dich nicht nur einfach zurücklehnen und zuschauen. Wenn du etwas machen möchtest, dann unterstützt dich schon dadurch eine Energie bei deinem Vorhaben. Erreiche deine spirituelle Meisterschaft – beginne jetzt damit!

Es ist an der Zeit, dass wir der göttlichen Präsenz erlauben, uns zu »benutzen«, um Wohlstand und Überfluss in unser Leben zu bringen. Es ist an der Zeit, etwas zu verändern, ein Teil dieser großen universellen Lösung zu sein und gesunden Wohlstand und Überfluss in unsere Familien, unsere Arbeit und unser Lebensumfeld zu bringen. Es ist wirklich höchste Zeit, aufzuwachen, die kraftvollen Werkzeuge der Neuen Bewusstheit zu verwenden, die uns zur Verfügung stehen, und ein Teil dieses Bewusstseinswandels zu sein, den unsere Welt und dein Leben gerade so dringend brauchen.

Wenn du dir die Forschungsergebnisse der NASA, der Physik, der Astronomie, der Astrologie oder der Quantenphysik ansiehst, wirst du entdecken, dass auch die Wissenschaften sehr interessiert den Übergang in diese neue Zeit auf der Erde verfolgen.

Ich glaube, dass es mittlerweile keinen Menschen mehr gibt, der nicht bemerkt hat, dass die Menschheit sowie unser ganzer Planet mitten im größten Transformations- und Veränderungsprozess seit Beginn der Menschheit stehen. Viele wissenschaftliche Ergebnisse belegen die inzwischen enormen energetischen Veränderungen, die in den letzten fünfundzwanzig Jahren auf unserer Erde stattgefunden haben.

In unserem Bewusstsein vollzieht sich ein enormer Wandel, und uns Menschen wird wie nie zuvor die Möglichkeit gegeben, aus alten starren Mustern auszubrechen, uns weiterzuentwickeln und uns zu verabschieden von Handlungsmustern, die schädlich für unser gesellschaftliches Zusammenleben sind. Es scheint fast so, als ob irgendeine Kraft eine Korrektur vornimmt!

Entscheidend wird in naher Zukunft längst nicht mehr sein, wie raffiniert du deine Verstandeskräfte und dein Geldvermögen einsetzen kannst, sondern welche Liebes- und Herzensqualitäten du bis dahin entwickeln konntest. Entscheidend wird sein, wie sehr du deiner göttlichen Führung vertraust und in welchem Maße du Integrität und Wahrhaftigkeit im Leben verwirklicht hast. Du wirst eine Erweiterung deines Verstandes bemerken, die durch die Öffnung des Herzens eintritt. Und genau deshalb ist es auch so essenziell, dass du dein Herz öffnest. Das wird dich zur spirituellen Führungskraft unserer Zeit machen. Ja, genau dich!

Was kannst du persönlich also tun, um die kommenden Jahre zu einem Erfolg werden zu lassen? Menschen, die mir in dieser Zeit von Erfolgen und glücklichen Momenten berichten, haben es allesamt auf ihre Art und Weise geschafft, sich vom Denken des kollektiven Angstbewusstseins zu lösen. Das ist ihr einziges Erfolgsgeheimnis. Doch das ist keinem von ihnen einfach so zugeflogen. Nein, dafür mussten sie einiges an und in ihrem Leben verändern.

Folge dem Ruf
deines Herzens

Wenn ich Meditationen vor einer Gruppe von Menschen spreche, beginne ich diese mit dem Satz: »Es ist also wieder an der Zeit, zur Ruhe zu kommen, und wir bereiten uns auf eine tiefe, tiefe Reise vor.«

Wenn du möchtest, kannst du jetzt auch für einen kurzen Moment deine Augen schließen. Nimm einen tiefen Atemzug, und komme im Jetzt an, bevor du weiterliest. Nimm einen tiefen Atemzug der Neuen Bewusstheit, die dir aus diesem Buch entgegenweht.
Du fragst dich wahrscheinlich, wie das gehen soll.
Neue Bewusstheit ist nichts weiter als eine Form von Energie, die überall dort ist, wo sie bewusst erschaffen wurde. Neue Bewusstheit ist eine Art Quantensuppe, die da ist, wo du bist. Du kannst sie also überall dort

atmen, wo du dich befindest. Richte einfach nur innerlich deine Aufmerksamkeit aus, und stelle dir vor, dass
du jetzt einen tiefen Atemzug der Neuen Bewusstheit
nimmst. Während du das tust, spüre in dich hinein. Tief
einatmen … und alles loslassen.

Lasse vor allem davon los, jetzt gleich weiterlesen zu wollen. Ertappt? Also, auch wenn du das Buch gerade erst
begonnen hast, macht das nichts. Schließe deine Augen,
und atme tief ein. Und atme anschließend wieder ganz
langsam und restlos alles aus. Atme noch einmal tief
ein. Atme tief aus. Und jetzt nimm deinen Körper wahr.
Spüre deinen Herzschlag oder versuche zu fühlen, wie
dein Körper atmet.

Und? Wie war das?

Du willst also dem Ruf deines Herzens folgen? Du hast
dir ganz fest vorgenommen, dem Ruf deiner Seele zu
folgen? Dem Ruf, der dich mehr und mehr in Kontakt
mit deiner inneren Kraft und deinem authentischen
Seelenselbst bringen wird? Denn dies ist die Person, die
du wirklich bist. Es brodelt tief in deinem Inneren und
möchte nach außen. Es ist der Engel, der du bist und
der sich jetzt, in dieser Zeit, befreien möchte. Bist du
dir wirklich klar darüber, was das bedeutet?

Manchmal denke ich: Wow, welchen Mut die Menschen haben müssen, um sich dem Neuen und Unbekannten voll hinzugeben. Denn Mut brauchst du auf diesem Weg. Mehr Mut, als du bisher jemals aufgebracht hast. Er ist die eine Qualität, die es gilt, in dir zu vergrößern, wenn du dich wirklich vollkommen öffnen möchtest. Wie oft hast du irgendeinen entscheidenden Schritt nicht getan, weil dir das bisschen mehr Mut gefehlt hat? Nur einen kleinen Schubs hättest du benötigt, und schon hätte sich so viel mehr in deinem Leben entfaltet. Doch du bekommst viele neue Chancen dazu. Und du wirst mehr Mut haben. Glaube fest daran!

Die andere Qualität ist wesentlich einfacher zu entwickeln. Und doch glauben wir so oft, dass sie tatsächlich die am schwersten zu erreichende sei. Dabei ist sie etwas ganz Natürliches, und das Schöne ist, dass du sie nicht einmal erlernen musst, denn du hast sie schon in dir. Sie ist etwas, was du in dir selbst finden kannst, etwas Ursprüngliches, das du nur irgendwann einmal verlernt hast. Doch es ist da.

Es ist ein tiefes Vertrauen in dich selbst und in dein Leben.

Wenn du lernst, dem Leben, deinem Weg und deiner Göttlichkeit vollkommen zu vertrauen, dann entwickelst du diesen Mut recht leicht. Du bist einfach auf dem Weg und weißt, dass du immer geführt bist und alles, wie es ist, richtig und in Ordnung ist.

Es gilt also nur noch, zu lernen, mehr und mehr auf dein Herz zu hören, Entscheidungen nicht mehr mit dem Verstand zu treffen, sondern nur noch aus dem Herzen, und dabei zu wissen:

Ja, ich bin geführt. Vom Anbeginn meiner Zeit hier auf dem Planeten Erde bin ich geführt.

Öffne dich für dieses Bewusstsein. Im Laufe der Entwicklung deiner emotionalen Meisterschaft wirst du alle Zweifel daran loslassen können, dass es so ist. Du kannst das ständige Fragen und Rationalisieren loslassen.

Mache dir Folgendes einmal bewusst: Wann immer du dich fragst, ob du geführt bist oder nicht, bist du in deinem Verstand. Dann kannst du die Führung wahrscheinlich nicht fühlen. Deswegen ist es so wichtig, dich dafür zu öffnen, dass du wirklich vollkommen vertrauen kannst. Und das geht in dieser Neuen Bewusstheit so einfach wie nie zuvor. Es geht einfach nur darum, dich in diese Energie des Vertrauens auszuweiten, dich in sie hineinzubegeben, darin zu baden. Stelle dir vor, dass du in einen Pool voll Neuer Bewusstheit springst, fühle das Vertrauen, fühle, wie sie dich umgibt, an deiner Haut herunterperlt und wie angenehm das ist.

Und wenn du weißt, dass du immer geführt bist, dann lasse die Illusion los, dass es deswegen für dich nichts mehr zu tun gibt. Denn dies ist eine Illusion. Geführtwerden bedeutet auch, den Mut zu haben, die Veränderungen vorzunehmen, die notwendig sind, um dies oder jenes, was du erreichen willst, zu verwirklichen. Wenn du einen Wunsch oder ein Ziel hast, gibt es etwas zu tun. Wir werden im Laufe des Buches noch auf die wesentlichen Aspekte des Erschaffens eingehen. Eine Weisheit, die du dir bereits jetzt merken solltest:

> *Drehe jeden Stein um, den du findest,*
> *und klopfe an jede Türe, die du siehst.*

So werden sich Türen und Tore für dich öffnen. Wenn du immer die perfekten Entschuldigungen hast, um nichts zu tun, wenn du vorgibst, zu beschäftigt zu sein, keine Zeit oder Energie für etwas zu haben, dann ist dies der erste Bereich, in dem deine Führung dir jetzt die Kraft dazu geben kann, eine Veränderung herbei-zuführen.

Entscheide für dich, dass du keine Entschuldigungen und Ausreden mehr brauchst. Entscheide, dass du zu deinem authentischen Selbst hingeführt werden und ganz aus deinem Herzen heraus leben möchtest, dass deine Führung dir ganz genau sagen wird, wann du welchen Teil deines authentischen Selbst leben kannst und darfst.

Solange es noch etwas gibt, was dich einschüchtert, bedeutet das, dass du immer noch mit deinem Ego kämpfst. Denn nur das »falsche Selbst« kann einge-schüchtert werden. Dein authentisches Selbst hat keine Angst und macht das, was zu tun ist. Es ist mutig.

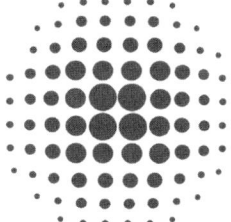

Übung:
Deine große Vision

Was ich dir in diesem Buch vor allem ans Herz legen möchte, sind die vielen Übungen. Lege am Ende dieser Seite das Buch kurz hin, und kreiere dir wie im Folgenden beschrieben im Geiste Bilder und Emotionen. Richte deine Sinne auf diese Vision aus. Tue das für dich, sei es dir wert!

Beginne damit, eine Vision davon in dir zu erschaffen, wohin du in deinem Leben geführt werden möchtest. Und erlaube es dir, dass diese Vision ganz farbig und bunt ist. Lasse sie ganz real sein. Gestatte dir, deine Vision in dir selbst zu spüren. Nimm sie körperlich war, rieche sie, schmecke sie, höre sie, und lasse sie ganz plastisch werden, sodass sie dich vollkommen erfüllt.

In jeder deiner Zellen schwingt diese Vision. Stelle dir dein perfektes Selbst vor. Genau das bist du längst. Und du kehrst nun genau in diesen Zustand zurück. Er ist bereits da, er war immer in dir. Du brauchst jetzt nicht mehr gegen dein »falsches Selbst« zu kämpfen; bringe einfach mehr von deinem authentischen Selbst in dein Leben. Erinnere dich, dass, wenn du mit deinem authentischen Selbst verbunden bist, tiefer Frieden und Freude in dir herrschen. Und dann ist auch ein tiefes Wissen in dir. Erlaube also, dass seine Qualitäten nun dein Herz öffnen für die Führung.

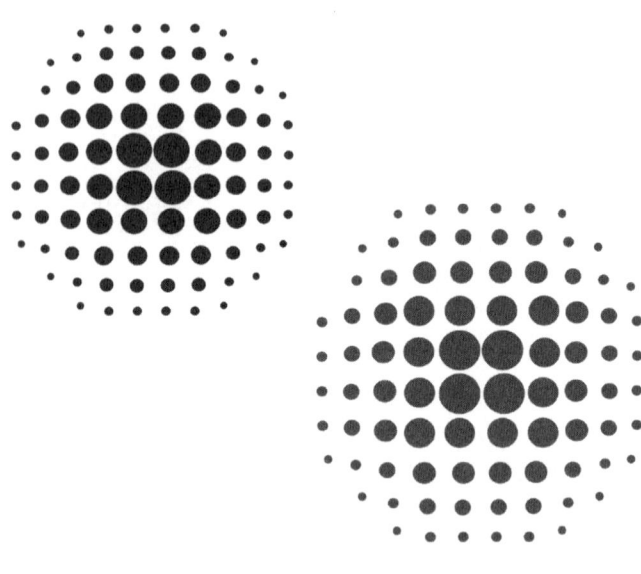
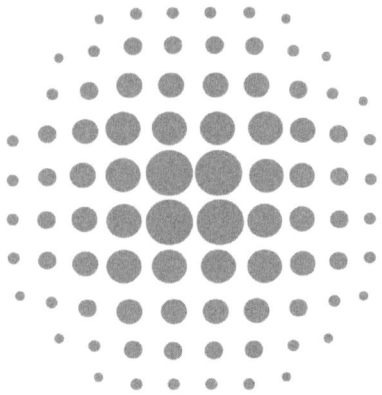

Aktiviere
deine Meister-Akasha

D as Ziel der Übungen in diesem Buch ist es, dass du dich für dein Höheres Selbst öffnest. Wenn du dieses Buch aufmerksam liest und alle Übungen wirklich mit voller Aufmerksamkeit machst, ist dies fast schon eine Garantie dafür, dass du dein authentisches Selbst ganz rasch entdecken wirst und es schon bald ganz erfüllt leben kannst. Du wirst genau das in dir entdecken, was schon seit Anbeginn deiner Reise hier auf dem Planeten für dich bereitsteht. Das klingt jetzt zwar sehr esoterisch, doch manchmal bleibt mir nichts anderes übrig, als mich auf diese Weise auszudrücken. Denn es ist die Sprache, die ein bestimmter Teil in dir versteht. Es ist der Teil deiner Heimat, der Teil deiner Engelsfamilie. Wir können ihn auch dein Höheres Selbst nennen. Es verbindet dich mit der

Quelle des Göttlichen. Schon immer bist du mit diesem hohen göttlichen Teil in dir in Verbindung. Jedes Lebewesen ist es, jedes mit seinem eigenen göttlichen Teil. Und deshalb weiß dieser Teil in dir auch alles über dich.

Und diese Verbindung eröffnet dir unendlich viele Möglichkeiten, für dich und für dein Leben. Sie verleiht dir vor allem die Fähigkeit, dein Leben zu verändern. Diese Tatsache hat viel mehr Aufmerksamkeit verdient. Wie oft zweifelst du daran? Es sind so viele Zweifel in dir. Immer und immer wieder wirst du mit diesen Zweifeln konfrontiert, immer dann, wenn einmal etwas nicht funktioniert hat. Doch ich möchte dich bitten: Gib nie auf!

Du hast die Kraft in dir, dein Leben von heute auf morgen umzukrempeln. Was du in diesem Buch lesen wirst, ist eines der größten Geheimnisse der Neuen Energie. Es sind die großartigsten Geschenke unserer heutigen Zeit. Warum zweifelst du immer noch?
DU bist es, DU hast die Macht über deine Zellen, nicht umgekehrt. Warum hast du entschieden, dass deine Körperzellen dich beherrschen können? Denke einmal darüber nach. Warum hast du entschieden, dass die

Gene, die dir mitgegeben wurden, dich biologisch für immer festgelegt haben? Denke einmal darüber nach. Und willst du so weiterleben? Willst du es wirklich? Oder spürst du, dass es Zeit ist für Neues? Für etwas ganz anderes, Freies, Großes?

Wenn du etwas grundlegend Neues in deinem Leben haben möchtest, dann musst du etwas grundlegend Neues tun. So einfach ist das. Dieses Gesetz kennst du. Du musst auch etwas Neues glauben, diese grundlegende Veränderung in deinem Glauben lautet:

Alles ist veränderbar! Alles ist machbar!
Alles ist möglich!

Du kannst alles verändern, bis hin zu den ganzen chronischen Krankheiten, die du mit dir herumschleppst; selbst von ihnen kannst du dich lösen, auch wenn dir von anderen Menschen etwas Gegensätzliches erzählt wurde. Diese Menschen wissen vielleicht nichts anderes oder hatten keine Lösung, weil sie an die Grenzen ihres Wissens gekommen waren. Wir sind in einer neuen Zeit. Wir sind dabei, ganz neue Kräfte in uns zu entwickeln. Auch du kannst das!

Dieses große Geheimnis, in das ich dich jetzt einweihen möchte, heißt: die Akasha-Chronik. Die Akasha ist ein Teil deiner DNS – sie gehört zu dir. Sie ist in dir. Alles, was du sein möchtest – auch wenn du jugendlicher, vitaler und gesünder sein möchtest –, alles dafür findest du in der Akasha, deiner persönlichen Akasha. Du kannst auf sie zurückgreifen. Egal, ob es die Attribute und Potenziale von Künstlern, Schriftstellern, das Selbstbewusstsein eines erfolgreichen Schauspielers oder derjenigen ist, die konzentriert und diszipliniert auf etwas hinarbeiten können, – es ist alles da! Es ist in dir!

Du sagst jetzt vielleicht: Das ist doch alles in der Vergangenheit, in meinen vergangenen Leben gewesen. Wie kann ich das also in Anspruch nehmen? Ich weiß ja nicht einmal, ob überhaupt eine Veränderung möglich ist. Ja, sie ist möglich! Und du bist jetzt, in der Neuen Energie, in der Lage dazu, dich in deine Vergangenheit auszudehnen, sie zu berühren. Lege dein lineares Denken zur Seite. Alles ist präsent. Du magst denken, das liegt alles in der Vergangenheit und ist nicht mehr erreichbar. Doch solch ein Zweifel rührt daher, dass du gelernt hast, linear zu denken.

Es ist möglich, indem du etwas Neues denkst, etwas anderes, vielleicht auch Ungewohntes. Um diese Geschenke der neuen Zeit zu erhalten, *musst* du in ein nicht-lineares Denken gehen, eine anti-chronologische Haltung bezüglich deiner zellularen Struktur und deines Lebens einnehmen. Wenn du deinen Fuß ansiehst, dann sagst du: Ich habe einen Fuß. Und es steht außer Frage. Dein Gehirn weiß es, du weißt es. Die Materie um dich herum weiß es. Wie fühlst du dich jedoch, wenn du sagst: Ich habe eine Akasha? Ich habe eine Aufzeichnung von all dem, was ich einmal war, was ich sein und tun kann, in mir? Und weil ich sie habe, gelingen mir Veränderungen fast ohne Anstrengung. Meldet sich dann dein Verstand und sagt: Das kann doch nicht gehen? Ich kann doch nicht einfach ändern, wer ich jetzt bin?

Was wäre, wenn er da vollkommen falsch läge? Möchtest du dich für diese Möglichkeit öffnen? Vielleicht kannst du das ja alles tun. Ja, du kannst es! Das ist ein Teil der Neuen Energie, in der du dich befindest. Glaubst du, es ist Zufall, dass du dieses Buch hier liest? Vielleicht hast du, unterbewusst, schon einmal deine Akasha in Anspruch genommen? Fragst du dich nicht, woher die ganzen Qualitäten, Fertigkeiten und Fähigkeiten kommen, die schon in deinem Leben sind und die du ganz ohne oder mit sehr wenig Anstrengung erworben hast? Sie kommen aus diesem »kosmischen Warenhaus«. Das klingt jetzt vielleicht sehr ungewohnt, doch genau so ist es. Sie kommen aus dir, sie sind du, sie liegen in deiner DNS. Jeder einzelne mikroskopische Teil deiner DNS beinhaltet diese Dinge. Und sie warten darauf, endlich aktiviert zu werden und die Person zu verändern, die du jetzt bist. Natürlich nur, wenn du das möchtest. Natürlich nur, wenn du dich dafür entscheidest. Es ist immer deine freie Entscheidung.

Es gibt nur ein paar kleine Schritte zu tun, um dieses Potenzial zu aktivieren. Der erste, und auch der schwierigste, ist, dass du es glauben musst. Denn wenn du es glaubst, dann verändern sich deine Gedanken. Du nutzt dein ICH-BIN. Es geht dabei um mehr als einen positiven Gedanken. Es ist, als ob du hineingreifst und dir herausnimmst, was sowieso dir gehört – was bereits in dir lebt. Verstehst du? Das bist du. Du musst das Göttliche nicht um irgendetwas bitten. Du greifst einfach nach dem, was dir gehört und was du bereits gelernt hast, nach dem, was du bereits gemacht hast, nach dem, was du bereits erfahren hast – in vielen Leben. Daran musst du glauben. In Ord-

nung? Entscheide dich dazu. Du kannst glauben, was
du willst!

Viele Dinge kannst du ganz einfach beseitigen: Ängste, Phobien und Blockaden beispielsweise. Warst du
bislang anderer Auffassung? Du musst dir nur überlegen: Wie ist es, nicht ängstlich zu sein? Kannst du
dich daran erinnern? Hast du Angst davor, nach vorne
zu gehen, dich zu zeigen und du selbst zu sein? Angst,
dein Selbst auszuleben, weil du nichts Vertrautes loslassen müssen willst? Angst vor der Veränderung? Hast
du eine Phobie vor Spinnen, vor dem Fliegen oder vor
engen Räumen? Diese Dinge kannst du ganz einfach
ändern, weil sie Überbleibsel von Erfahrungen aus früheren Leben sind. Sie sind etwas, was du früher hattest und jetzt nicht mehr benötigst, oder? Und genauso, wie du glaubst, dass dein Fuß da ist, kannst du an
diese neue Idee glauben und jetzt beginnen, mit diesem
Glauben zu arbeiten.

Schon bald wirst du bemerken, dass dein Leben beginnt, sich zu verändern. Und während dies geschieht,
wirst du beginnen zu bemerken, dass dieser Teil der
Akasha sich anfühlt wie du. Er fühlt sich nicht an wie
etwas anderes. Das ist auch ganz logisch, weil es deine
eigene (Akasha-)Vergangenheit ist.

Du wirst sagen: Ja, ohne diese Phobie, *das* bin ich. Du kannst die Ängste loslassen. Probiere es an einfachen Dingen aus wie beispielsweise Höhenangst. Wie wirst du die los? Das ist eine kleine Herausforderung, aber der schwierigere Teil dabei ist die Blockade der Veränderung. Wir scheuen die Veränderung – viele haben diese Blockade. Sie kommt aus dem Bewusstsein, nicht zu wissen, was es ist, das deine Angst auslöst. Es ist eine Blockade, die den Frieden in dir verhindert, oder? Dabei gehört sie zu den einfach zu lösenden Dingen, es gilt nur, dir Folgendes klarzumachen: Du kannst dir ganz sicher sein, dass es ein Leben gab, in dem du keine Höhenangst hattest, alte Seele. Ist dies möglich? Ja, es ist möglich, alte Seele. Also greife nach dieser Information, und integriere sie in deine DNS. Das kannst du, indem du dir einfach vorstellst, dass es genau so ist. Erschaffe dir dein eigenes Bild dafür, mache deine eigene Übung daraus.

Wenn du mit den einfach zu verändernden Dingen erfolgreich warst, dann kannst du in die weitaus komplexeren Bereiche einsteigen. Die Arbeit mit der Akasha und der DNS ist einfach. Wirklich. Und sie gibt dir unglaubliche Möglichkeiten. Wie geht das? Schicke ein Licht aus deinem Herzen, öffne dein Bewusstsein dafür, verändere deine Gedanken, lade die Liebe deiner göttlichen Präsenz in dein Leben ein, verbinde dich mit deinem Höheren Selbst, und werde ein klarer Kanal für deine Vergangenheit. Das ist alles.

Möchtest du es lernen? Möchtest du dir jetzt wirklich einen Neubeginn erschaffen und Altes hinter dich bringen? Möchtest du beispielsweise Herr werden über deine Allergien und dein Immunsystem verändern? Möchtest du endlich die Qualitäten einer begnadeten Rednerin/eines begnadeten Redners, einer erfolgreichen Schriftstellerin/eines erfolgreichen Schriftstellers erlangen? Oder machen wir es einfach: Möchtest du ein guter Liebhaber, ein guter Vater oder Opa sein? Möchtest du eine bemerkenswerte Frau sein, die weiß, was sie will, und ihre Ziele verfolgt? Möchtest du dir eine Identität erschaffen, die so friedvoll ist, dass alle Menschen in deiner Nähe sein wollen? Das ist jener Frieden, den die großen Meister hatten. Und er ist in dir, in dir ist alles, was du jemals warst. Wenn du dir die Akasha-Chronik vorstellen kannst, gehst du einfach dort hinein und holst dir diese Dinge heraus. Mache dir eine bildliche Vorstellung davon. Jede und jeder von uns hat dieses spirituelle Gefäß. Ja, stelle es dir vor wie eine große Vase. Diese Vase ist angefüllt mit allem, was du jemals als Mensch über dich, über Gott, über deine Geistführer, über Engel, über den Umgang mit anderen und über Kommunikation gelernt hast, alte Seele. Du brauchst dir das wirklich nur vorzustellen. Dieses Gefäß muss nicht wieder gefüllt werden, wenn du in ein neues Leben kommst, es liegt alles darin und wartet darauf, von dir entdeckt zu werden. Es ist alles vorhanden, sodass du über Nacht eine Meisterin/ein Meister werden kannst. Möchtest du das? Dann entscheide dich jetzt dafür, dass du lernen möchtest, wie du an die Inhalte deines spirituellen Gefäßes kommst, wie du zu einem klaren Kanal wirst, der frei von Ängsten, Unsicherheiten, Sorgen und anderen Blockaden ist! Sage innerlich einfach nur Ja dazu, und der Rest wird sich dann bald, vielleicht sehr bald, in deinem Leben zeigen. Sei ganz aufmerksam, und du wirst es erkennen.

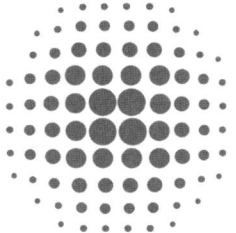

Übung:
Das Liebesatmen

Die Liebesatmen-Meditation hilft dir dabei, dich mit diesem Gefäß zu verbinden und dich auf die göttliche Liebe einzustimmen. Tue die folgenden Schritte jeden Morgen und Abend fünf bis zehn Minuten lang oder so lange, bis du das Gefühl hast, nur noch Liebe zu sein und nur aus Liebe heraus zu handeln und sie wirklich überall zu fühlen. Achte darauf, wie es dir geht, nachdem du die Übung etwa einen Monat lang praktiziert hast. Du wirst die göttliche Präsenz ganz nahe bei dir spüren. Du wirst in das göttliche Gefäß sehen und ganz klar erkennen können, welche Schätze du in dir trägst.

1. *Stelle dir vor, wie du mit einem Strahl reiner Liebe verbunden bist, der vom Herzen der göttlichen Mutter oder dem göttlichen Vater oder dem Universum (oder aus einer anderen Quelle, es ist ganz egal, an was du glaubst) zu deinem Herz-Chakra in der Mitte deiner Brust strömt.*

2. *Atme diese Liebe tief in deine Lunge ein, sage dann aus vollem Herzen: »Ich bin Liebe«, und spüre, wie sie in dich hereinströmt und dich erfüllt. Halte kurz den Atem, und spüre die Liebe in dir, bevor du wieder ausatmest.*

3. *Atme diese Liebe langsam in deinen Körper herein, und sage dann aus vollem Herzen leise: »Ich liebe«, während du dir vorstellst, wie diese Liebe jede einzelne Zelle deines Körpers erfüllt. Stelle dir dann beim Ausatmen vor, wie die Liebe aus deinem Aura- oder Energiefeld auch in die Welt hinausströmt.*

4. *Sage danach deinem Körper immer wieder: »Ich liebe dich, ich liebe dich...«, bis es überall kribbelt.*

Beginne anschließend von vorne, und wiederhole die Übung fünf bis zehn Minuten lang.

Diese Übung öffnet deine Zellen und deine DNS, sodass du für die reine Liebe der göttlichen Präsenz empfänglicher wirst. Sie stärkt dein göttliches Herz und deine Fähigkeit, Liebe anzuziehen, zu halten und in die Welt auszustrahlen. Sie verändert deine Schwingung und wird dadurch dein Leben verändern. Du wirst immer stärker im Einklang mit dem Göttlichen und dem Universum stehen. Deine Ziele und Wünsche werden sich immer müheloser manifestieren, und deine Kreationen werden auf wundersame Weise zunehmend in deinem Leben sichtbar. Du wirst deine DNS öffnen, sodass du mit deiner Akasha in Verbindung trittst. Du bist deinem Höheren

Selbst ganz nahe. Du kannst eins mit ihm werden und vollkommen verschmelzen, dich ausdehnen und immer weiter wirklich du selbst sein.

Öffne dich für die Kommunikation mit deinem Höheren Selbst. Es ist einfach nur eine Entscheidung. Ja, du liest richtig. In der Neuen Energie geht alles einfach. Triff jetzt einfach die Entscheidung dazu, dich voll und ganz für die Kommunikation mit deinem Höheren Selbst zu öffnen.

Und öffne dich auch wieder dafür, Dankbarkeit zu empfinden. Dankbarkeit für deinen Körper, dieses wunderbare Instrument. Und erlaube, dass diese Dankbarkeit in deinem Herzen immer stärker wird, dass sie dort pulsiert. Nimm die Dankbarkeit auch in deinem Kopf und in deinem Denken wahr. Sei dankbar für diese großartige schöpferische Kraft, die deine Gedanken dir verleihen. Du erschaffst mit deinem Denken und deinen Entscheidungen deine Zukunft. Dein freier Wille erlaubt es dir, genau die Gedanken durch deinen Geist ziehen zu lassen, die genau die Zukunft erschaffen, die du für dich wählst. Sei also dankbar dafür, dass du diese Weisheit besitzt, dieses Wissen, diese tiefe Verbindung zu deinem göttlichen Kern, die dich an die Quelle der Schöpfung anbindet.

Übung:
Deine schöpferische Kraft

Es ist bloß eine Entscheidung, mithilfe derer du dein ganzes Sein veränderst. Deswegen kann die folgende Übung eine wahre Schatztruhe für dich sein. Es gilt, ein paar Entscheidungen zu treffen, einfach, indem du sie aussprichst. Verstärken kannst du diese Entscheidungen noch, indem du nach jedem laut ausgesprochenen Satz einen sehr tiefen Atemzug nimmst und dich in das Gefühl, die Schwingung und den Sinn dieses Satzes hineinlegst, dich in ihn ausdehnst. Gehe mit deinem ganzen Sein hinein in diesen Glauben über dich selbst. Auch wenn du dich vielleicht innerlich noch nicht so weit fühlst, wird die Übung eines mit dir machen: Du wirst beginnen,

dich langsam in diese Bewusstheit auszudehnen. Es wird fast so sein, als ob du die
Schleusen öffnest und die Bewusstheit dich
langsam einnehmen darf. Du kannst dich
dabei völlig entspannen, denn es wird von
ganz alleine geschehen. Das ist in der
Neuen Energie nur eine Frage der Aus-
dehnung und des Vertrauens.

Beginne nun, die Sätze laut (wirklich
LAUT) auszusprechen, und atme nach
jedem Satz intensiv ein und wieder aus.
Am besten stellst du dich dazu vor einen
Spiegel und schaust dir tief in die Augen.
Das ist extrem wirkungsvoll und wird dich
verändern. Sprich den jeweiligen Satz laut
aus. Dann mache dir bewusst, was er beinhaltet, und dehne dich dahinein aus.
Lege dich sinnbildlich hinein, und umgib
dich ganz damit. Dehne während des At-
mens deinen Körper unendlich weit aus in
diese Energie, welche der Satz und sein
Inhalt tragen.

- Ich bin so weit, und ich bin bereit, mich für die großartige Kraft in mir zu öffnen.

- Ich bin so weit, und ich bin bereit, mich für die großartige Kraft der Schöpfung zu öffnen.

- Ich bin so weit, und ich bin bereit, mich für die großartige Kraft der Quelle des Göttlichen in mir zu öffnen.

- Ich bin so weit, und ich bin bereit, mich für die großartige Kraft meines Höheren Selbst zu öffnen.

- Ich bin so weit, und ich bin bereit, mich für die großartige Kraft meiner eigenen Akasha zu öffnen.

- Ich bin so weit, und ich bin bereit, mich für die großartige Kraft der Anziehung zu öffnen.

- Ich bin so weit, und ich bin bereit, mich für die großartige Kraft des Empfangens zu öffnen.

- Ich bin so weit, und ich bin bereit, mich für die großartige Kraft des Annehmens zu öffnen.

- Ich bin so weit, und ich bin bereit, mich für die großartige Kraft des Loslassens zu öffnen.

- Ich bin so weit, und ich bin bereit, mich dafür zu öffnen, über alles bereits Erfahrene hinaus großzügig belohnt zu werden.

- Ich bin so weit, und ich bin bereit, mich dafür zu öffnen, das Lieblingskind des Universums zu sein.

- Ich bin so weit, und ich bin bereit, mich dafür zu öffnen, wie eine Königin/ein König behandelt zu werden.

- Ich bin so weit, und ich bin bereit, mich dafür zu öffnen, dazu in der Lage zu sein, Wunder zu bewirken.

- Ich bin so weit, und ich bin bereit, mich dafür zu öffnen, so kraftvoll wie eine Meisterin/ein Meister zu sein. (Du kannst auch den Namen eines Meisters deiner Wahl, beispielsweise Jesus Christus, Maria Magdalena o. ä., einsetzen.)

- Ich bin so weit, und ich bin bereit, mich dafür zu öffnen, kraftvoller als eine Meisterin/ein Meister zu sein.

- Ich will so kraftvoll sein.

- Ich kann so kraftvoll sein.

- Ich verdiene es, so kraftvoll zu sein.

- Ich bin es wert, so kraftvoll zu sein.

- Ich darf so kraftvoll sein.

- Ich habe ein Recht darauf, so kraftvoll zu sein.

- Es ist gut für mich, so kraftvoll zu sein.

- Ich habe diese Kraft.

- Diese Kraft ist in mir.

- Ich bin diese Kraft.

- Diese Kraft ist Teil meines Lebens.

- Ich bin der Inbegriff von Kraft, und das liebe ich.

- Ich bin der Inbegriff von Kraft, und ich habe große Freude daran.

Wenn du jetzt bestürzt bist und es anmaßend findest, zu sagen, du seiest kraftvoller als Jesus, dann ist das vollkommen in Ordnung. Denn vielleicht hast du es so gelernt. Warum solltest du es aber nicht dürfen? Meinst du nicht auch, dass Jesus Christus oder Maria Magdalena oder Gott selbst es dir nicht gönnen würden, diese Kräfte zu haben? Wie denkst du als Vater oder Mutter? Willst du deine Kinder klein halten, oder gönnst du ihnen, dass sie mehr haben als du selbst? Warum soll es bei den großen Meistern der Vergangenheit nicht genauso sein? Sie sind auch Teil deiner Familie. Und in einer Familie helfen wir uns gegenseitig, oder? Wir wollen immer das Beste und Größte für den anderen. Es ist also völlig in Ordnung, so zu denken. Vielleicht wäre es ohnehin einmal an der Zeit, darüber nachzudenken, welche Augen es sind, die dich ansehen, wenn du in den Spiegel siehst. Das ist ein guter Moment für eine weitere Entscheidung:

- Immer wenn ich in den Spiegel sehe, sehe ich die Augen Gottes.

Du denkst jetzt vielleicht, dass ich den Bogen überspannt habe. Doch am Ende dieses Buches wirst du vor dem Spiegel stehen und sagen können: Ich bin Gott. – Jeder sollte das dürfen, jeder sollte das können. Wir alle sollten es tun.

Mut und Dankbarkeit

Wohin auch immer in deinem Körper deine Aufmerksamkeit wandert, darfst du Dankbarkeit empfinden. Dankbarkeit für dieses wunderbare Instrument, welches dir so gut dient. Wann auch immer du eine Entscheidung triffst, darfst du Dankbarkeit empfinden für den Mut, den du hast. Denn eine Entscheidung zu treffen, bedeutet Veränderung. Und Veränderungen anzustreben, erfordert Mut. Wenn du dich nun auf deinen Kopf konzentrierst, dann spürst du dort diese große Dankbarkeit. Du freust dich über deinen so toll funktionierenden Geist. Und du freust dich über dieses wunderbare neurologische System, das dir hilft, ein angenehmes Leben zu haben. Und wenn du beginnst, überwiegend Stärkendes über dich zu denken, wird sich in deinem Leben etwas verändern. Das weißt du doch bereits. Sei einfach dankbar für die große schöpferische Kraft in dir.

Während du dich bei deinem Kopf bzw. deinem Gehirn dafür bedankst, dass sie dir dienen, erlaubst du ihnen, auch zu wissen, dass du von jetzt an in deinem Leben eine neue Richtung einschlagen wirst. Deswegen liest du ja dieses Buch, um zu erkennen, in welche Richtung du gehen kannst. Es ist die Richtung deines Herzens, die jetzt für dich eröffnet wird. Dieser Weg wird dich zu einem wundervollen Leben führen. Er begann vor langer Zeit, doch jetzt ist es so weit, dass sich bei dir etwas verändert. Du weißt, dass du in diesem Leben den größten Durchbruch all deiner Leben haben wirst, dass all die Weisheit, die du in allen vergangenen Leben gesammelt hast, sich jetzt manifestieren kann. Jede Zeile, die du in diesem Buch liest, lässt die großartige Energie der Neuen Bewusstheit zu dir hinfließen, erlaube ihr, sich in dir auszudehnen. Und dies allein bewirkt bereits Veränderung. So funktioniert Neue Bewusstheit, so einfach!

In tiefer Dankbarkeit dafür begegnest du jetzt deinem neurologischen System, das dir in der Vergangenheit so gut gedient hat. Frage dich nicht, wie du das tun kannst, tue es jetzt einfach, denke es, richte deine Aufmerksamkeit auf diese Sätze, lies bewusst weiter und sauge die transformierende Energie der Neuen Bewusstheit aus diesen Zeilen. Sie schwingt in jedem einzelnen Wort, das du liest. Und indem du dies liest, schwingt diese Neue Bewusstheit auch in jeder einzelnen Zelle deines Gehirns – ob du es spürst oder nicht, ob du etwas siehst oder nicht, ob du es glaubst oder nicht. Die Quantenenergie des göttlichen Bewusstseins schwingt in jeder einzelnen neurobiologischen Verbindung in deinem Gehirn. Dadurch bereitest du dein neurologisches System darauf vor, neue Synapsen zu erzeugen, neue neurologische Bahnen, die dir dienen werden, wenn es darum geht, voll und ganz mit deiner großen göttlichen Kraft in Kontakt zu treten.

Wenn du solche Entscheidungen wie in der Übung zuvor triffst, sagst du deinem Gehirn, dass du auf eine Weise leben willst, die ganz identisch ist mit deinem Höheren Seelenselbst. Es gibt keine Ausreden mehr – du kannst nur noch ein Leben des Engagements und der Hingabe an dich selbst führen. Deine Entscheidungen verändern etwas in deinem Leben. Das haben sie schon immer getan. Deine Absicht verändert das Universum. Jetzt bestimmst du deine Absicht ganz bewusst und auf etwas Positives fokussiert. Deine neurologischen Bahnen unterstützen dein Gehirn dabei, deinem höheren Daseinszweck zu dienen, worin der auch bestehen mag. Es liegt an dir, das zu entscheiden. In der Neuen Energie gibt es keine Verträge mehr, die du nicht ändern könntest. In der Neuen Energie gibt es kein Karma mehr, welches du nicht vollständig transformieren könntest. Es liegt an dir, es liegt an deinen Gedanken, es liegt an deinem Glauben. Glaube das, was du willst – und es wird geschehen!

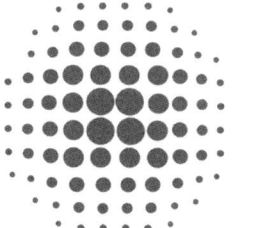

Übung:
Erschaffe dir neue Synapsen

Stelle dir vor, wie neue Nervenzellen und Verbindungen zwischen ihnen in deinem Gehirn geschaffen werden und sich die alten Bahnen, die dort früher einmal verlaufen sind, auflösen. Sieh dies bildlich vor dir. Diese alten Gehirnstrukturen haben bisher dafür gesorgt, dass du in der Vergangenheit verhaftet bliebst. Sie werden jetzt bis zum letzten Rest aufgelöst. Der Prozess beginnt in dem Moment, in dem du damit beginnst, es dir vorzustellen.

Visualisiere dann, dass in deinem Kopf eine strahlende Lichtsäule ist, deren Licht eine kraftvolle rote Farbe hat. Dieses rote Licht steht immer in Verbindung mit den hohen Di-

mensionen des Universums. Es ist ein kraftvolles rotes Licht aus der 12. Dimension, das eine starke Verbindung mit der göttlichen Präsenz herstellt und Wunder wirkende Energien in deinen Kopf und deinen Körper sendet. Sobald du an diese Kraft angeschlossen bist, geht diese auch von dir aus und kann zu allen Menschen hinfließen, denen du begegnest oder die du berührst. Sie wird in den Planeten Erde fließen und seinen Prozess der Transformation liebevoll unterstützen. Denn dort, wo du dich befindest, fließt diese Energie, weil du vierundzwanzig Stunden am Tag an die höheren Dimensionen angeschlossen bist, an die hohe Quelle der Kraft.

Bevor du weiterliest, lege das Buch zur Seite, und mache erst die Übung. Gib dir selbst die Erlaubnis, nicht darüber hinwegzugehen. Dieses Buch ist wie ein zusammenhängender Workshop. Jeder kleine Teil trägt dazu bei, dass sich deine Schwingung erhöht, dass du wächst und sich dein Bewusstsein auf eine höhere Ebene anheben kann.

Entscheide aus dem Herzen

Jede Entscheidung, die du aus deinem Herzen, aus der Liebe heraus, die du fühlst, triffst, ist immer die richtige. Viele Menschen haben jedoch die Verbindung zu diesem wunderbaren Instrument verloren. Aspekte des Begriffs Liebe sind auch Enthusiasmus, Passion, Begeisterung und Freude.

Dem Herzen oder deiner höchsten Freude zu folgen, ist nichts besonders Kompliziertes – und nichts besonders Esoterisches. Es geht, simpel ausgedrückt, darum, einfach »du selbst« zu sein, das zu tun, was du möchtest, ohne Rücksicht auf einen bestimmten Umstand oder jemand anderen zu nehmen, einfach nur so nahe an deinem authentischen oder göttlichen Selbst zu sein, wie es dir in dem Moment möglich ist. Dein Gefühl führt dich dabei.

Das soll nicht bedeuten, dass du jederzeit an der großen Karriere oder einem besonderen »Riesenprojekt« arbeitest. Es kann damit zu tun haben, muss es aber nicht. Du kannst auch einfach hier und jetzt im Kleinen damit beginnen, der Liebe aus deinem Herzen zu folgen, von Moment zu Moment. Deiner höchsten Vision, der größten Freude, der Liebe zu folgen, bedeutet ganz einfach Folgendes: In jedem Moment stehen dir ganz viele Möglichkeiten dafür zur Verfügung, was du tun kannst. Es ist nur eine Entscheidung, die du für das triffst, was du gerade wählen möchtest.

Um dem Ruf deines Höheren Selbst zu folgen, musst du die Möglichkeit auswählen, die für dich am meisten Energie enthält. Und das ist immer diejenige, die am meisten Liebe enthält, die dich vom Gefühl her am meisten interessiert oder die am meisten Freude in dir entfacht. Und dann musst du genau das tun, genau diesen Weg gehen, genau diese Entscheidung treffen.

Sagen wir, du erkennst momentan vier Dinge, die du tun könntest. Triff einfach die Entscheidung, bei der das Resultat daraus am meisten Gefühl, Liebe oder Freude für dich enthält. Das ist alles. Und dann fahre damit fort, lasse dein Gefühl anschließend wieder alle verfügbaren Möglichkeiten einschätzen. Welche Möglichkeit, welche Gelegenheit, welche Situation, welcher Umstand, welche Richtung, welcher Weg enthält jetzt am meisten Enthusiasmus, Gefühl, Energie und Freude?

Du musst nie perfekt sein. Es geht hier nicht um Perfektionismus, sondern um eine Entscheidung aus deinem Herzen, um eine Entscheidung für dich. Gehe diesen Weg, solange er sich gehen lässt, oder bleibe bei einer Handlungsweise, solange sie praktikabel ist. So weit es geht, solange es geht, nach bestem Wissen und Gewissen und voller Integrität – und wenn es nicht mehr weitergeht und du es nicht mehr weiterführen kannst oder es sich »erledigt« hat, frage dich einfach wieder: Welches ist die Möglichkeit mit der meisten Liebe und freudvollen Energie aus allen Möglichkeiten, die im Hier und Jetzt, in diesem Moment gerade verfügbar sind?

Es gibt immer eine, die am meisten Energie enthält. Das mag manchmal sehr viel sein und manchmal weniger, aber es gibt in jedem Moment eine Möglichkeit, die im Vergleich zu den anderen heraussticht, sich geradezu anbietet. Sobald du festgestellt hast, welche das ist, entscheide dich für sie, ohne zu zögern, denn es ist auf jeden Fall das Richtige. Es ist immer richtig, wenn du Freude daran hast, wenn es dich erfüllt. Führe diese Methode immer weiter fort, bis zum Ende deines Lebens.

Die Liebe ist der Faden, der dich zu allen großen Dingen des Lebens hinführt. Sie ist der Lebensfaden des Höheren Selbst, sie ist die göttliche Gnade, die sich in dir entfacht, sie ist die Göttin in dir. Vertraue auf sie! Die Liebe ist die Energie, die dich zu dir selbst führt. Es ist so einfach, diesen Weg zu gehen, denn zu fühlen, was dir am meisten Freude bereitet, ist immer einfach. Und es ist auch der Weg zu dem, was wir Erleuchtung nennen. Erwachte Menschen gehen immer den Weg ihres Herzens, egal, wie die Konsequenzen dieser Entscheidung aussehen. Also folge diesem Weg, auch wenn dein Verstand etwas anderes rät. Und er meldet sich bestimmt zu Wort. Er tut dies, weil es das Einzige ist, was er kann. Immer wenn du dich zwischen deinem Gefühl und deinem Verstand entscheiden musst: Höre auf dein Herz! Es ist ganz egal, ob deine Entscheidung irgendeinen Aspekt beinhaltet, der unlogisch ist, oder ob es so aussieht, als hätte sie nichts mit deinen Zielen und Wünschen zu tun. Höre auf dein Herz, folge deiner Entscheidung mit Integrität und in Respekt vor deinen Mitmenschen. Der Rest kommt dann von ganz allein.

Manchmal sieht die Möglichkeit mit der meisten Liebe und Freude aus, als stünde sie nicht in Übereinstimmung mit dem, was du vom Verstand her tun solltest. Aber du weißt selbst, dass du beispielsweise ein Buch nicht nach seinem Einband beurteilen kannst. Die Liebe zu dir selbst ist der Buchtext. An ihm erkennst du, dass dies wirklich du selbst bist. Warum du diese Wahl getroffen hast, wird sich immer erst im Nachhinein herausstellen, wenn du der inneren Liebe gefolgt bist.

Um zu verdeutlichen, was ich meine, gebe ich dir ein Beispiel aus meiner Erfahrung:
Ich saß in meinem Garten am See. Ich hätte die Möglichkeit gehabt, nach drinnen zu gehen und zu arbeiten. Eine andere Möglichkeit wäre gewesen, dort sitzen zu bleiben und mich zu entspannen. Diese Möglichkeit gefiel mir besser und machte mir gerade mehr Freude. Aber es gab da noch eine dritte Möglichkeit, die mir in dem Moment noch mehr Freude versprach: ein Boot zu mieten, ein wenig auf den See zu fahren und danach ein schönes Mittagessen am Strand einzunehmen. In Ordnung, dachte ich, mache ich also genau das. Ja, aber das brachte mir eigentlich nichts. Ich hätte hineingehen sollen, um zu arbeiten. Ein Boot zu mieten, wäre sehr kontraproduktiv gewesen. Der Restaurantbetreiber und

der Bootsverleiher hätten ein paar Euro Umsatz gemacht, doch für mich wäre es gerade Zeitverschwendung gewesen. Ich musste nach Hause und etwas an meinem neuen PR-Konzept arbeiten.

Ich wollte jedoch meinem Herzen folgen, also fuhr ich zum Bootsverleih, und schon nach wenigen Minuten kam ich mit einer Frau ins Gespräch, die die Besitzerin des Strandrestaurants zu sein schien. Ich verschob den Gedanken, mit dem Boot hinauszufahren, und vertiefte das Gespräch. Es stellte sich später heraus, dass sie sehr großes Interesse an meiner Arbeit hatte, und sie bot mir an, in ihrem Restaurant Werbung zu machen. Ich durfte sogar ihren Strand dazu nutzen, dort den ganzen Sommer über Morgenmeditation bei Sonnenaufgang anzubieten. Viele Menschen nahmen daran regelmäßig teil, und ich hatte auf einen Schlag viele neue Klienten und Teilnehmer für meine Meditationen und Seminare gewonnen. Und nicht nur das: Ich hatte einen wunderschönen Sommer. Jeden Morgen mit vielen Menschen am Strand unter Palmen zu meditieren, mit Enten, Schwänen und der aufgehenden Sonne den Tag zu beginnen, ist ein wunderschönes Erlebnis. Ich möchte diese Zeit heute nicht missen.

Freude und Liebe sind die Wegweiser der göttlichen Quelle, die anzeigen, was dein Höheres Selbst, ungeachtet der Ängste deines Egos, am liebsten tun würde. Vertraue ihnen. Häufig entsteht daraus die Manifestation eines Wunsches, auch wenn es zunächst aussieht, als hätte die Entscheidung nicht das Geringste mit einem deiner Wünsche zu tun. Und manchmal stimmt das Ergebnis noch nicht einmal mit deinen Affirmationen oder Wünschen überein, doch es stellt sich heraus, dass es etwas noch Besseres, Größeres ist, an das du nicht einmal gedacht hattest, weil es für deinen Verstand keine mögliche Option war.

Dem Höheren Selbst ist bekannt, was deine Wünsche, Ziele, Visualisierungen und inneren Entscheidungen sind. Die Freude ist seine Art, dich zu Ereignissen zu führen, die richtig für dich sind. Wie Perlen einer Kette legt dein Höheres Selbst sie eine nach der anderen aus, um dich optimal zu führen.

Das Universum weiß es immer besser. Manchmal benutzt das Höhere Selbst bestimmte Wünsche wie eine Karotte, die es vor deiner Nase baumeln lässt, um dich diesem Wunsch folgen und an ein Ziel gelangen zu lassen, das etwas viel Größeres ist als das, was du ursprünglich wolltest.

Der Liebe zu folgen,
ist selten der offensichtlichste Weg
zu einem Ziel, das du dir gesetzt hast,
aber immer der schnellste!

Deine Ursprungsenergie, deine Seelenenergie, wird von deinem Körper als ein Gefühl erfahren, das wir als »Seelenliebe« bezeichnen. Sie ist die Liebe, welche die Verbindung zu deiner Seele herstellt. Das einzige Hindernis auf diesem Weg ist die Konditionierung durch dein Misstrauen oder das Misstrauen der Menschen, denen du folgst. Vielleicht glaubst du – zum Schutz vor Enttäuschung – etwas anderes als das, was deiner höchsten Freude entspricht. Du glaubst so, wie dein Glauben trainiert wurde, wie du ihn trainiert hast.

Doch es gibt in jedem Hier und Jetzt immer eine Möglichkeit, die sich für dich besser anfühlt als andere. Es ist besser, keine Bedingungen zu haben, wenn du diesem Prinzip der höchsten Freude und Liebe folgen möchtest, etwa: Ich folge nur der Liebe, wenn es Geld bringt. Der Liebe zu folgen, bringt von ganz allein Geld, und mehr als Geld ... viel, viel mehr.

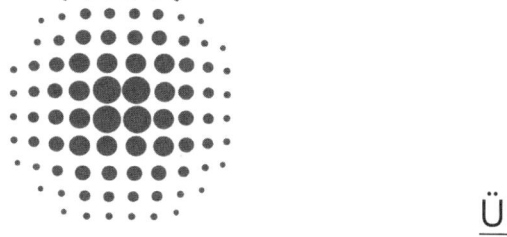

Übung:
Prüfe deine Handlungen

Es liegt immer in deiner Verantwortung, eine Handlung für dich zu prüfen, auszurichten, sie einzuschätzen und eventuell zu ändern, bevor du sie angehst. Wenn es im Laufe des Tages möglich ist, führe die folgende Übung mehrmals durch:

Bevor du ein Vorhaben ausführst, eine Aussage machst oder dich für eine Verhaltensweise entscheidest, halte inne, halte deinen Lebensfilm an, und frage dich: Entspricht diese Handlung, Aussage oder Verhaltensweise entweder
a) dem Menschen, der zu sein ich entschieden habe oder der ich sein möchte,
oder

b) der momentan verfügbaren höchsten Liebe in mir?

Wenn du auf eine der beiden Fragen nicht mit »Ja« antworten kannst, lasse die Handlung entweder sein oder entscheide dich für etwas anderes, das stärker mit dir und deinem Leben und deiner Integrität übereinstimmt.

Mache diese Übung bewusst mehrmals täglich für eine ganze Woche. Im Anschluss gibt es noch vier weitere Übungsteile zu diesem Thema. Am besten legst du jetzt das Buch erst einmal zur Seite und machst in ein paar Tagen mit der nächsten Übung hierzu weiter. Es geht darum, dass du dieses Verhalten als etwas ganz Natürliches in dein Leben integrierst, es immer wieder automatisch anwendest. Das erreichst du dann, wenn es zu einer Gewohnheit wird. Dazu musst du es immer und immer wieder auf die gleiche Weise machen, immer wieder auf die gleiche Weise reagieren und deine Entscheidungen treffen.

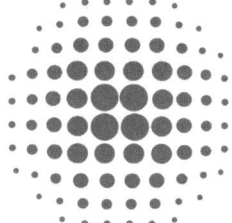

Übung:
Der Wille deiner Seele

Dieses Thema ist essenziell für deine Entwicklung, deswegen bleiben wir noch dabei. In der folgenden Übung geht es darum, mehr Handlungsoptionen, die der höchsten Liebe in dir entsprechen, erkennen zu können. Dies soll eine gewohnheitsmäßige Handlung in deinem Leben werden. Wähle dir bitte einen Tag aus (und trage ihn in deinem Kalender ein), an dem du diese Übung wirklich mindestens fünf Mal im Laufe des Tages machen kannst.

Am besten legst du gleich die Uhrzeit fest und stellst dir einen Wecker.

1. Halte inne, halte den Lebens-Film an, setze dich hin, und betrachte das, was hier und jetzt gerade vorhanden ist.

2. Welche der ganzen Möglichkeiten, die dir derzeit offenstehen, wäre diejenige, die du gerade am liebsten tun würdest? Was würde dir jetzt die größte Freude, die meiste Liebe und die schönsten Gefühle bringen? Was ist jetzt gut für dich? Was fühlt sich am besten an?

3. Definiere den Weg, und entscheide dich dann dafür, ihn zu gehen. Entscheide dich dafür, genau das jetzt zu tun. Nur das und nichts anderes!

Du wirst ganz plötzlich eine große Freiheit in deinem Leben spüren, einfach dadurch, dass du dem tiefsten Sehnen in deinem Herzen entsprechend entscheidest. Und wenn du das wirklich mindestens fünf Mal an einem Tag gemacht hast, wird dein inneres Sehnen danach immer größer werden, genau so zu handeln. Das wäre wunderbar, oder?

Bald wirst du es als Gewohnheit in dein Leben integriert haben, genau so zu handeln – zu handeln wie eine Meisterin/ein Meister. Und mit den folgenden Übungen wirst du noch tiefer mit der Liebe in dir in Verbindung treten, aber mache zuvor wirklich diese Übung. Lege also nun einen Tag fest, an dem du sie durchführen wirst. Vielleicht gleich heute noch? Oder morgen? Lies erst danach weiter, und gehe zur nächsten Übung über.

Übung:
Der Liebe folgen

Für diese Übung musst du dir länger Zeit nehmen, z. B. einen ganzen Tag oder zumindest mehrere Stunden. Halte dir also einen Zeitraum frei, und mache in diesem nichts anderes.

1. *Halte kurz inne, und erkenne die Handlungsmöglichkeit, die am meisten Liebe oder Freude für dich enthält.*

2. *Führe die Handlung aus.*

3. *Mache währenddessen oder danach eine neue Bestandsaufnahme, und erkenne, welche Möglichkeit jetzt am meisten Liebe oder Freude enthält.*

4. *Führe die Handlung aus.*

5. *Und so geht es weiter – von einer Freude zur nächsten, von einer Liebe zur nächsten. Stundenlang, den ganzen Tag.*

Diese Übung ist sehr kraftvoll, weil sie die Handlungen immer aus dem Herzen initiiert. Du wirst nach einigen Handlungsentscheidungen spüren, wie es ist, diese Liebe zu sich selbst zu erfahren und wirklich zu leben. Lasse dabei immer das stärkste Gefühl von Liebe in deinem Herzen aufkommen, das zu diesem Zeitpunkt möglich ist. Und tue wirklich das, was dich in diesem Augenblick am meisten erfüllt. Vielleicht möchtest du jetzt gerne den Baum umarmen, der da steht, oder deine Hände durch die Wiese streichen lassen. Oder du möchtest zum Bahnhof gehen und einem Obdachlosen aus Mitgefühl etwas Geld geben. Dann tue das. Das kostet manchmal Überwindung, doch das Erlebnis bringt dich kurzfristig auf eine so hohe Schwingungsebene, dass es dich für den Erfolg im Leben magnetisiert. Dadurch »sucht« dein unterbewusster Teil schon ganz selbstregulierend nach Situationen, die für dich die höchste Freude bedeuten. So wird dein Leben zu einem wirklichen Traum. Bedenke, dass von der Schöpfung her betrachtet Liebe, Freude und Wahrheit ein und dasselbe sind. Das Universum ist Liebe, du selbst bist Liebe, die göttliche Präsenz ist Liebe. Auf der Schwingungsebene der Liebe ist alles viel einfacher.

Gehe bitte erst zur nächsten Übung, nachdem du diese Übung gemacht hast.

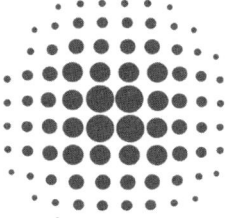

Übung:
Freude in Verpflichtungen

Da die meisten Menschen sich schwer damit tun, sofort alles loszulassen, was nicht dem entspricht, was die Liebe in ihnen entscheiden würde, biete ich mit dieser Übung einen sanfteren Weg dazu an.

Du kennst sicherlich auch Situationen wie die folgende: Du hast dich mit einem lieben Freund oder einer lieben Freundin verabredet. Der ausgemachte Zeitpunkt kommt näher, und du spürst bereits, dass du jetzt überhaupt keine Lust hast. Du empfindest keinerlei Freude daran, dich jetzt mit dieser Person zu treffen. Es gibt etwas anderes, was dir jetzt die höchste Freude verspricht, doch du entscheidest dich dafür, nicht der höchsten Liebe zu folgen, sondern hältst die Verabredung aus »Verpflichtung« ein oder weil du den anderen nicht verletzen möchtest. Du entscheidest dich also, etwas zu tun, was du jetzt gar nicht tun möchtest.

Vielleicht hast du momentan auch einen Job, der dir nicht gefällt. Du entscheidest dich natürlich bitte nicht dazu, diesen jetzt gleich Hals über Kopf zu kündigen oder nicht mehr hinzugehen. Das wäre nicht empfehlenswert, sondern eher dumm. Und doch wäre es gut, dafür bald eine Lösung zu finden. Denn wenn du über viele Monate hinweg Dinge tust, die nicht deiner höchsten Freude entsprechen, kann das ein enormes Konfliktpotenzial entstehen lassen, das sich sehr destruktiv auf dein Leben auswirkt, weil dadurch immer mehr und mehr Negatives, nicht von Freude Geprägtes in dein Leben gezogen wird. Als ich selbst noch als Angestellter tätig war, habe ich viele Male auf dem Höhepunkt meiner Karriere gekündigt. Ich wusste, dass es etwas gibt, was noch mehr Freude und Liebe beinhaltet.

Die folgende Übung kann dir dabei helfen, auch in unliebsamen Situationen der Liebe zu folgen und das Konfliktpotenzial dadurch zu schmälern.

1. *Gehe weiterhin deinen Verpflichtungen nach. Sorge aber dafür, dass du immer etwas mehr Zeit mit dem verbringst, was du wirklich liebst, als mit dem, was du nur aus Pflicht tust. Am Ende des Tages sollte der Punktestand nicht mehr beispielsweise 10 zu 1 für Verpflichtungen stehen, sondern 6 zu 5 für Liebe (also hast du 6 Stunden mit dem verbracht, was du liebst, und 5 Stunden mit Pflicht).*

2. *Wenn du weiter fortgeschritten bist, kannst du auch versuchen, ein vorübergehendes Gefühl der Liebe zu »unliebsamen Pflichten« zu entwickeln.*

Übung:
Ein Spaziergang der Liebe

Gehe an einem passenden Tag, an dem du genügend Freude für diese Übung spürst, durch deine Stadt oder den Ort, an dem du dich eben gerade aufhältst. Suche dir dann etwas aus, das dich interessiert. Es kann eine Blume sein, ein Haus, ein Stein, eine Skulptur, ein Pullover, den du im Schaufenster einer Boutique siehst, oder eine schöne Situation. Vielleicht siehst du die Blicke eines verliebten Paares oder die Freude eines Kindes. Gehe zu dem Objekt hin oder beobachte die Situation, und untersuche, wie du dich dabei fühlst. Nimm den Stein in die Hand, berühre den Stoff des Pullovers, betrachte die Szenerie, bis dein Interesse nachlässt. Und dann schaue dich nach etwas anderem um, das dich interessiert. Gehe so von Objekt zu Objekt, von Ort zu Ort, von Ereignis zu Ereignis, und fließe auf einer Welle der höchsten Freude. Mache dies einige Zeit, vielleicht sogar einige Stunden. Tauche ein in das Lebensgefühl der Freude.

Wenn du dies immer wieder tust und das Eintauchen in die höchste Freude und Liebe dir zur Gewohnheit geworden ist, wird sich dein inneres System bald darauf ausrichten, dass deine Entscheidungen von höherer Warte aus geführt werden, weil du ganz in Verbindung mit der Quelle der Liebe und Freude stehst. Dein Herz stellt diese Verbindung her, und du wirst mit aller Sicherheit erkennen, wenn du dich einmal nicht mit deinem Herzen entscheidest. Dir wird immer klarer werden, auf welcher Ebene du deine Entscheidungen triffst und welche Entscheidungen wirklich deinem authentischen Selbst entsprechen.

Hast du alle Übungen gemacht? Dann sieh dir noch einmal den Prozess der Neuverdrahtung in deinem Gehirn an, wie er vor deinen inneren Augen abläuft. Stelle dir immer wieder vor, wie in deinem Gehirn tatsächlich ganz neue Strukturen eines neuen Bewusstseins entstehen. Diese neuen Strukturen deines neurobiologischen Systems richten sich ganz selbstregulierend und automatisch auf die höchste Kraft in dir aus. Du kannst dir einfach vorstellen, dass du deinen »Gehirncomputer« neu startest und ein neues Betriebssystem installierst mit neuen kraftvollen Programmen. Diese Programme stärken mehr und mehr dein Nervensystem und stellen die Verbindung zwischen Herz und Verstand her – eine göttliche Verbindung zwischen deiner inneren Göttlichkeit und der göttlichen Quelle in unserem Universum.

Du wirst immer klarer sehen, welche Gedanken dir dienen und welche es nicht tun, sodass du immer genauer wahrnimmst, welche Gedanken aussortiert werden können. Die kannst du dann in einen imaginären Papierkorb werfen. Suche dir die Gedanken aus, die du denken willst. Sieh jetzt noch einmal dein Nervensystem vor dir, wie es vollkommen auf den neuesten Stand gebracht wird, um so voll auf deinen selbst gewählten höheren Daseinszweck ausgerichtet zu sein. Kannst du dir das vorstellen? Lege das Buch zur Seite, und visualisiere dein Nervensystem, spüre, dass jetzt gerade etwas in dir geschieht. Es ist real! Spürst du es?

Je klarer du weißt, dass du nicht dein Körper bist, sondern ein göttlicher Geist, der diesen beseelt, desto leichter merkst du von jetzt an, wann du dir selbst etwas vormachst, wann du dich selbst betrügst. Und du hörst jetzt auch auf, darüber zu urteilen, du beobachtest es einfach nur. Du weißt, dass du die Wahl hast. Du denkst keine Gedanken mehr unbewusst, du bist ein bewusster Denker. Du triffst die Entscheidungen!

Sobald du dir dieser Tatsache bewusst bist, wirst du bemerken, dass dein Bewusstsein und dein Gewahrsein sich auf einer Ebene der Klarheit bewegen, von der aus du nicht mehr das Bedürfnis hast, Bestätigung von außerhalb zu erhalten.

Du findest Bestätigung in dir, in deinem Herzen. Vor Ablehnung hast du keine Angst mehr, weil du verstehst, dass die andere Person lediglich eine Entscheidung trifft. Und das ist vollkommen in Ordnung. Du nimmst es nicht mehr persönlich, denn in deinem Inneren weißt du, dass sich alles zum Besten wenden wird, dass jede Herausforderung auf deinem Weg, ob in Sachen Finanzen, bei deiner Arbeit, in deinen Beziehungen, deiner Familie oder in deinem sozialen Umfeld, deinem höheren Daseinszweck dient. Dem Daseinszweck, den du durch deine bewussten Entscheidungen wählst. Jetzt!

Du besuchst seit jeher die Schule des Lebens. Jetzt aber tust du das mit voller Bewusstheit, vollem Gewahrsein und ohne zu urteilen. Das Leben ist lediglich eine Erfahrung. In dieser Erfahrung kannst du die Entscheidungen treffen. Es gibt viele Weisen, das Leben zu erfahren, aber es gibt weder eine gute noch eine schlechte. Du triffst deine Wahl, bis du sicher bist, dass deine Entscheidungen in Harmonie mit dem, was du wirklich bist, stehen. Wenn du das erreicht hast, hast du keine Angst mehr, und auch Ablehnung ist dann in Ordnung.

Es ist etwas Gutes, abgelehnt werden zu können. Wenn jemand dich ablehnt oder du jemanden ablehnst, ist das lediglich eine ganz persönliche Entscheidung. Es gibt keine gute oder schlechte Entscheidung, es gibt nur Entscheidungen. Und jede Entscheidung führt zu einer Erfahrung, die einen weiteren Schritt in deinem Wachstum darstellt. Jeder Schritt stärkt deine Verbindung mit deinem selbst gewählten höheren Daseinszweck. Auf Grundlage neuer Erfahrungen wirst du andere Entscheidungen treffen – nicht bessere, lediglich andere –, die wiederum für andere Erfahrungen sorgen. Es warten neue Erfahrungen auf dich, die dir helfen, dein Herz zu heilen, dein Herz zu öffnen, liebevoller zu werden, mehr

Risiken einzugehen, mehr Mut zu haben, Veränderungen zu lieben, Heilung zu erlauben, Inspiration zu erfahren, die dir Motivation, Humor, Ermutigung, Respekt geben — alle Qualitäten, die du magst.

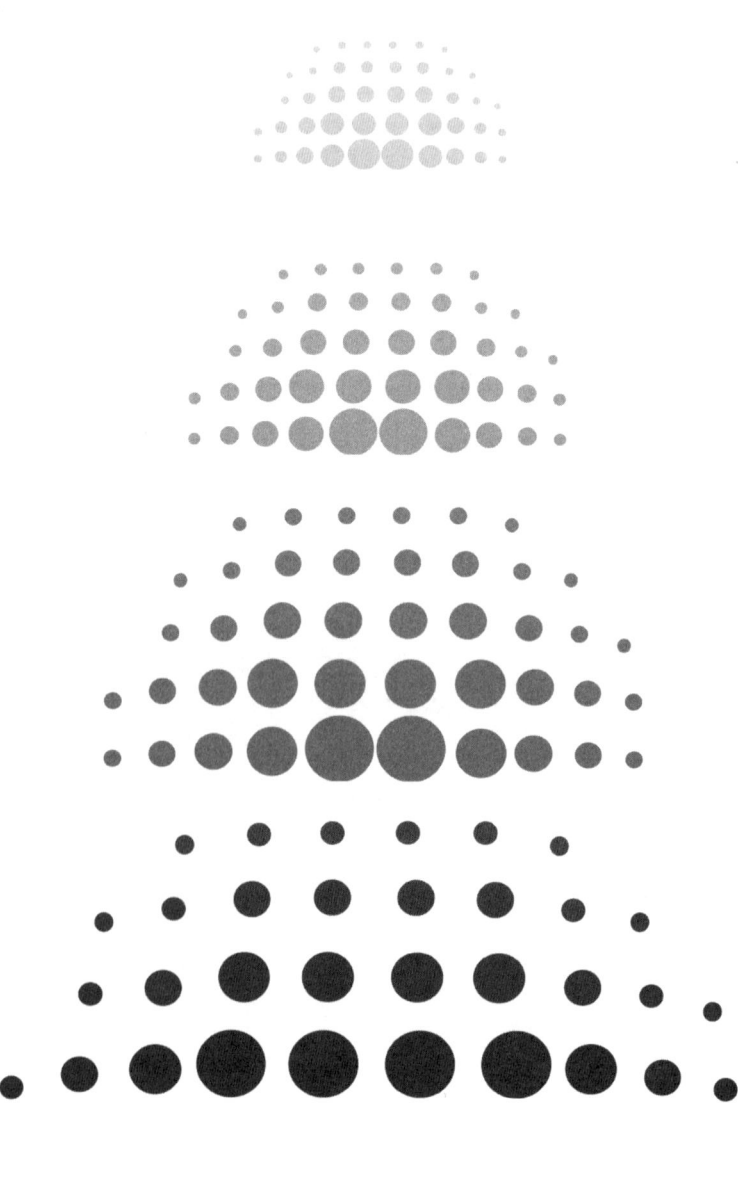

Das Gesetz der Freude

Ein Leben voller Freude und Glückseligkeit ist eines der größten Geschenke. Auf meinem Weg, der Mensch zu werden, der ich heute bin, habe ich vieles ausprobiert, und nach vielen Jahren des Ausschauhaltens weiß ich nun ganz tief in mir und voller Gewissheit, dass ich den Schlüssel gefunden habe. Deswegen möchte ich diese Erkenntnisse gerne in diesem Buch mit dir teilen und dich dazu ermuntern, dieses Gesetz zu erforschen: das Gesetz der Freude – es funktioniert!

Wenn du noch nie Situationen erlebt hast, in denen du gelitten hast, dann kannst du dieses Kapitel überspringen. Wenn du aber immer mal wieder Leid in dir spürst, wird es dich bestimmt interessieren. Denn es ist deine Möglichkeit, aus dem Rad des Leidens zu entkommen. Wenn ich von Leiden spreche, meine ich damit unangenehme Gefühle, Ängste, emotionalen Schmerz, innere Unruhe, Gefühle des Gejagtseins und der Ungeduld, Schuldgefühle und auch die Gefühle von Ablehnung, über die wir gerade gesprochen haben.

Welche Frage stellst du dir und deinem Leben normalerweise, wenn du diese Dinge spürst? – Warum …?
Warum ist das so, warum spüre ich das jetzt, warum gerade jetzt?
Du hältst nach Gründen Ausschau und beschäftigst dich mit diesem Thema, weil du es verstandesmäßig mit deiner Logik lösen möchtest. Hat das jemals wirklich funktioniert? Hat das jemals dazu geführt, dass du tatsächlich das innere Gefühl der Befreiung gespürt hast? Oder machst du dir da vielleicht etwas vor? Wie oft sind Dinge wiedergekommen, von denen du geglaubt hattest, sie längst aufgelöst zu haben?

Du solltest dich fragen, wie du frei von deinem Leid werden kannst, ohne nach dem Warum zu fragen. Das Warum liefert dir nur ein Urteil über die Situation, die beteiligten Menschen und über dich selbst. Aber du sitzt immer noch in dem emotionalen Gefängnis, in das du dich selbst gesperrt hast. Wenn du Angst oder andere unangenehme Gefühle hast, achte ganz genau darauf, wie du diesem Gefühl begegnest. Meist reagieren wir, indem wir uns die Frage stellen: Wie kann ich diesen Schmerz, diese Angst, diese Schuldgefühle, dieses Gefühl des Alleinseins, des Ungeliebtseins jetzt loswerden? Das scheint zunächst ein Weg in die Freiheit zu sein. Es ist jedoch die falsche Frage. Wenn du dich darauf konzentrierst, was du tun kannst, um dich vom Leid zu befreien, wie du es loswirst, dann geht immer der Fokus weg vom Schmerz, weg von der Angst, dem Schuldgefühl oder der Eifersucht. Wenn das passiert, weißt du, es ist die falsche Frage, die du stellst.

Denn das Gesetz heißt:

Was immer du vollkommen erlebst,
führt dich automatisch hin zur Freude.

Was ist deine gewohnheitsmäßige Reaktion, wenn du leidest? Was ist das Erste, was du tust, wenn du dich unwohl fühlst? Du beschuldigst jemanden. Oder du beschuldigst eine Situation, ein System, ja, vielleicht sogar Gott oder dich selbst. Und warum tust du das? Weil du glaubst, dass es den Schmerz aufhebt, wenn du einen Schuldigen hast. Die Erfahrung zeigt aber, dass es nicht hilft, jemanden oder etwas zu verurteilen oder zu beschuldigen.

Als Nächstes schaust du nach Gründen, die du vielleicht verstehen kannst, die du nachvollziehen kannst. Du benutzt den Verstand, du befragst deine Logik: Warum ist das jetzt so? Du glaubst, dass eine Erklärung den Schmerz lindert. Doch so funktioniert das nicht.

Dies ist der Weg, den der Mensch seit dreitausend oder vielleicht sogar dreißigtausend Jahren geht ... Er beschuldigt, er versucht, zu verstehen – und es funktioniert nicht.

Ich kenne viele Fälle, in denen dieser Weg in Alkohol, Drogen oder tiefer Depression endete. Andere geben ihrem Leiden einen tieferen Sinn, indem sie sagen: Jeder Mensch muss leiden. Oder: Das ist wohl mein Karma. Oder: Warum soll es mir besser gehen als anderen? Oder: Es sollte wohl so sein. Und wenn auch das nichts hilft, landen sie irgendwann bei der Spiritualität und verkriechen sich in esoterischen Weisheiten.

Oder sie lesen ein Buch nach dem anderen, hören Musik, essen maßlos, gehen shoppen, räumen die Wohnung auf, schauen fern oder tun irgendetwas anderes, um sich abzulenken. Sie rennen weg von der Situation, die ihnen Schmerz bereitet, suchen Erleichterung in irgendeiner wahllosen Aktivität, flüchten oder schlagen zurück.

Allein dadurch, dass du dir dessen bewusst wirst, dass dies gewohnheitsmäßige Muster sind, kommst du der Weisheit schon näher. Beim nächsten Mal kannst du in einer neuen Art reagieren, wenn du wieder einmal Ängste oder Leid spürst. Und glaube mir: Es funktioniert!

Was bedeutet nun das Gesetz der Freude im Falle deiner Eifersucht, deiner Ängste oder des emotionalen Schmerzes, den du empfindest, weil du dich alleingelassen oder hintergangen fühlst?
Wenn du diese Gefühle vollkommen erlebst, führen sie dich zur Freude! Umarme das schmerzhafte Gefühl. Bleibe in diesem schmerzhaften Gefühl. Erfahre den Schmerz, bis du letztlich frei von ihm bist!

Mache all das immer ganz bewusst, dann wird es dich in die Erlösung führen. Mache es jedoch nicht, um dem zu entkommen, sondern mache es, weil es die einzige Möglichkeit ist. Bete zu deiner göttlichen Präsenz, bitte die göttliche Gnade, dich da hindurchzuführen. Richte deine Intention darauf, und erinnere dich immer an das

Gesetz: Was immer du vollkommen erlebst, führt dich automatisch hin zur Freude – und befreit dich somit von diesem schmerzhaften Gefühl!

Eine weitere wichtige Erkenntnis ist:

*Du leidest nicht an der Tatsache an sich,
sondern an deiner persönlichen Wahrnehmung einer
Tatsache.*

Nehmen wir beispielsweise eine Situation, in der du eifersüchtig bist. Dein Mann sagt dir, dass er sich mit einer Geschäftskollegin zum Abendessen trifft. Du reagierst mit schmerzvoller Eifersucht, Angst, verlassen zu werden, die Gedanken kreisen in deinem Kopf ... doch im Grunde ist das nur deine Wahrnehmung von einer simplen Tatsache: Ein Mensch isst mit einem anderen Menschen zu Abend. Doch jetzt kommt deine blühende Fantasie ins Spiel, deine Ängste, die du vielleicht auch aufgrund von vergangenen Erfahrungen hast. Doch deine Gefühle haben nichts mit der Tatsache zu tun.

Wie viele Male hast du schon gesehen, dass sich ein Mann mit einer Frau trifft? Vielleicht besprechen sie Geschäftliches, weil es eben sein muss? Wie oft bist du schon mit einem Kollegen essen gegangen? Und? Was ist dabei? Nichts. Ohne Konditionierung, ohne Erfahrung, ohne eigene Interpretation dieser Tatsache bleibt sie einfach nur eine Situation wie jede andere.

Du leidest nicht an dieser Tatsache, sondern an deiner Wahrnehmung von ihr. Mache dir das bewusst, atme dann tief ein, und bitte deine göttliche Kraft um Gnade und um Hilfe. Gehe dabei in eine entspannte Haltung, mache eine Übung daraus. Mache dir diese Tatsache bewusst, und bitte deine göttliche Kraft darum, dir zu helfen, dass du dieses schmerzvolle Gefühl wirklich umarmen kannst. Bitte nicht darum, diesen Schmerz von dir zu nehmen. Das ist äußerst wichtig: Bitte nicht darum, den Schmerz von dir zu nehmen, sondern um Hilfe dabei, in ihn hineinzugehen und ihn wirklich zu erleben! Wir sind es gewohnt, unsere Ängste und Gefühle abzugeben. Wir bitten die lieben Engel um Hilfe oder einen Meister, uns alles abzunehmen und uns zu erleichtern.

Nein! Das ist ab sofort nicht mehr der Weg, den du gehen möchtest. Die machen das nämlich. Die Engel und Meister ehren dich so sehr, sie lieben dich so sehr, dass sie alles für dich tun würden. Doch so funktioniert es nicht, so wirst du nicht für immer frei davon, und das ist es doch, was du wirklich möchtest, oder? Jetzt ist es an der Zeit, dies zu verstehen, weil sich Dinge eben ändern. Schau hinaus in die Welt, und du wirst es sehen, hören, wahrnehmen, dass sich alles ändert. Die Welt führt uns in eine Neue Bewusstheit, in eine neue Eigenverantwortung. Weil wir jetzt die Klarheit und die Kraft dazu haben.

Also bete nicht mehr zu deinen Engeln und Meistern, sie sollen dir etwas abnehmen, sondern bitte sie, dich durch diese Situation hindurchzuführen. Wie lange es dauert, da hindurchzukommen, kann ich dir nicht sagen. Manchmal ist es früher zu Ende, manchmal später. Aber du kommst hindurch, ich selbst habe es schon oft erlebt: Ich saß da, immer noch vollkommen eingetaucht in meine Traurigkeit, und plötzlich geschah es: Als ob mein Kopf gelüftet würde, als ob ein ganzes Universum in meinem Herzen aufginge – ich empfand wie aus heiterem Himmel eine solch enorme Freude, dass mich die Leute, die gerade um mich herumstanden, wohl für völlig durchgeknallt hielten, weil ich laut loslachen musste vor Glück. Ja, es funktioniert wirklich.

Und eines Tages wird das Wunder auch bei dir geschehen. Du wirst ein tiefes Vertrauen in dein Leben spüren. Dein Leben wird dann nicht mehr länger dasselbe sein. Wenn du da angelangt bist, dem Gesetz der Freude zu vertrauen, wirst du nie wieder ängstlich sein. Nie wieder. Du wirst von allen deinen Ängsten frei sein, von der Angst vor Schmerz und Leid, von der Angst vor dem Leben, von der Angst vor Verlust und der Angst vor deiner Zukunft, von der Angst vor der Angst. Wenn du nicht länger Angst vor Leid und Schmerz hast, wirst du ein wirklich freier Mensch sein.

Was kannst du tun? Dieses Mal kann ich dir keine Übung dazu anbieten, das bringt nichts. Die Übung ist in diesem Fall das Leben selbst. Es funktioniert nur, wenn es real ist. Wenn es nicht gleich beim ersten Mal funktioniert, probiere es wieder. Und wenn es auch beim zweiten Mal nicht funktioniert, probiere es wieder. Und wenn es beim zehnten, fünfzigsten oder hundertsten Mal noch nicht funktioniert, probiere es wieder. Gehe tiefer und tiefer. Was glaubst du, wie viel du dir da aufgeladen hast in deinem Leben ... und wie oft du geflüchtet bist? Wie viel ist da in dir? Kannst du es sehen? Egal, wie viel es ist, denke immer daran: Du kannst es auflösen, das ist eine menschliche Fähigkeit. Mache es, wann auch immer ein Schmerz, eine Angst oder eine unangenehmes Gefühl in dir auftaucht. Jeder

Ort ist ein heiliger Ort dafür. Warte nicht auf eine bessere Zeit dafür oder eine bessere Möglichkeit. Es wird funktionieren!

Dein Ziel muss es sein, ein vollkommenes Vertrauen zu entwickeln. Das ist der erste Schritt. Danach wird automatisch die Freude kommen, und anschließend wirst du in Entzückung geraten. Und dem folgt dann ganz automatisch vollkommene Ruhe und Gelassenheit. Darauf wiederum folgt Glückseligkeit und das Gewahrsein deines authentischen Seelenselbst. Wenn das erreicht ist, kannst du richtig fühlen, wahrnehmen und sein, wer du wirklich bist.

Doch zuerst musst du vollkommen von diesem Gesetz überzeugt sein, denn es ist über die Jahrtausende der menschlichen Entwicklung in kollektive Vergessenheit geraten. Es ist aber keine Lehre, es ist ein Gesetz. Ein Gesetz der Menschheit, also muss es funktionieren. Somit funktioniert es auch bei dir.

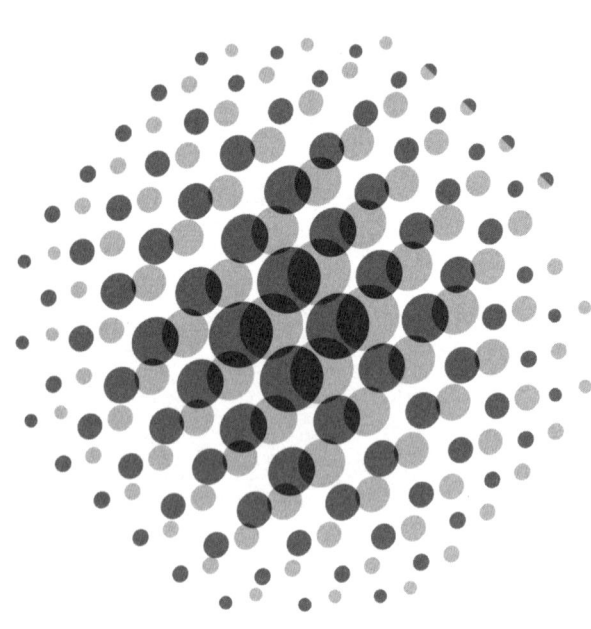

Über die Angst

Angst ist keine Kraft oder Macht. Angst ist die Abwesenheit einer Kraft oder Macht!

Wie kann es dann sein, dass sie sich so machtvoll anfühlt? Das liegt daran, dass es deine Entscheidung war, du gabst ihr diese Macht. Und diese ganzen Dinge, die so Angst einflößend für dich sind, sind durch deinen freien Willen dazu geworden. Diese Dinge, die einen Menschen von einem kleinen Moment auf den anderen so aus der Balance bringen können, sind immer da. Und solange du ein Mensch bist, werden sie immer da sein. Wir Menschen sind wirklich gesegnet damit, dass wir uns immer und immer wieder mit der Liebe einer göttlichen Präsenz füllen können. Denn das ist die Lösung. Und es ist dabei ganz egal, aus welcher Quelle diese Liebe kommt, ob du einem Gottesbild folgst, das von deinem religiösen Glauben geprägt wurde, oder einer Kraft, die du als das Kosmische, Universelle und Allumfassende für dich siehst. Wenn es frei ist, dann ist es gut. Wenn es ohne Bedingung ist, dann ist es gut. Wenn es ohne Wenn und Aber ist, dann ist es gut. Wenn du dich immer wieder mit dieser allumfassenden Liebe umgibst, bist du gesegnet. Und es ist immer genug für alle da. Diese Quelle versiegt nie. Du musst nichts Besonderes tun, um diese Liebe zu bekommen, und es gibt nichts, was du tun könntest, weswegen du sie nicht bekommen würdest. Die allumfassende Liebe ist immer da. Wenn du immer von ihr erfüllt bist, kann dir kein Drama und keine Angst jemals etwas anhaben. Wo Licht ist, kann keine Dunkelheit sein. Verstehst du das? Wo Licht ist, existiert keine Angst, das geht nicht. Wo es Tag ist, kannst du keine Dunkelheit hineinbringen, stimmt's? Das geht nur, wenn du etwas Künstliches tust, beispielsweise den Rollladen herunterziehst. Doch dann ist es nicht wirklich dunkel. So wäre es, wenn du deine Angst behalten müsstest, ohne etwas tun zu können – das ist unnatürlich. Wo es dunkel ist, kannst du aber Licht hineinbringen, und es wird plötzlich hell. Das geht, oder? Ziehe morgens den Rollladen hoch, und dann ist es hell, auf ganz natürliche Weise.

Wie kommst du also aus deiner Angst heraus? Es gibt keine Übung, kein Rezept. Es geht nur darum, die Verbindung herzustellen. Du kannst dich da hindurchführen lassen, wenn du die göttliche Gnade darum bittest. Wenn du von Liebe erfüllt bist, wird immer Balance da sein. Und wenn du nur die kleinste Panik in dir aufsteigen fühlst, fülle dich sofort wieder mit ihr auf. Sofort! Du bist immer mit der allumfassenden Energie verbunden, sie kann jederzeit zu dir hinfließen. Wenn du möchtest, visualisiere dich in einer weiß-goldenen Pyramide sitzend, und fülle dich mit Liebe auf durch einen Gedanken, eine Absicht, eine Entscheidung, einen Fokus – eines dieser Werkzeuge der Neuen Bewusstheit reicht dazu.

Im Folgenden findest du ein paar Gedanken, die du, indem du dich in sie ausdehnst, in dein Leben integrieren kannst.

1. Verbinde dich selbst mit der Liebe deiner göttlichen Präsenz. Visualisiere, wie du in einem Pool voller Liebe schwimmst, einem Pool aus Engelenergie, sei getränkt von der Liebe Gottes. Bleibe verbunden, nicht nur während der Meditation, nicht nur während deiner Gebete, sei immer im Gebet, sei immer

verbunden mit der allumfassenden Liebe. Spüre die Verbindung, wenn du morgens deine Augen aufmachst, und bleibe den ganzen Tag verbunden. Bleibe es auch in der Nacht, wenn du ins Bett gehst und deine Augen schließt.

2. Vertraue auf die dir angeborenen Qualitäten. Deine DNS und alle deine Zellen wissen es besser als dein Verstand. Frage deine zellulare Struktur nach den Lösungen für deine Probleme. Nutze dieses angeborene Wissen. Frage es, wenn du in Aufregung gerätst. Nutze deine Muskeln und die Reaktionen deiner Zellen, denn sie werden dir das göttliche Bild zeigen. Mache dir keine Sorgen. Alle Antworten sind in dir!

Wenn du von diesem in dir angelegten Potenzial vorher nichts gehört hast, dann ist das vollkommen in Ordnung. Sei dankbar für diesen Moment, an dem du es erfahren hast. Sei dankbar und höre auf damit, immer wieder in dein Opferbewusstsein und dein Leiden zu gehen. Es entspricht nicht deinem Lebensplan, zu leiden. Verstehst du? Du sollst nicht leiden!

Um deinen Lebensplan zu erfüllen, musst du integer und weise leben. Wenn du das verwirklichst, wird es ein grandioses Leben für dich sein. Es gibt viel, wovon wir glauben, dass Gott nicht daran interessiert ist. Das stimmt auch, denn Gott ist nur an der Integrität einer Sache interessiert. Gott ist an der Integrität des Finanzwesens interessiert, an der Integrität der Politik und der Integrität im Gesundheitswesen. Doch was haben wir Menschen bisher gemacht? Wir haben Macht und Kontrolle anstatt Integrität und Weisheit gewählt. Deswegen sind viele gescheitert. Doch habe keine Angst. Es verändert sich gerade.

3. Arbeite an der Stärke deines Intellekts. Lasse diesen nicht von irgendjemandem kontrollieren. Du solltest deine menschliche Größe entwickeln. Doch diese ist nicht nur in deinem spirituellen Leben zu finden, dein Intellekt und dein Verstand sind deine Möglichkeit, als Mensch zu wachsen. Denn dein Verstand lässt dich groß und frei denken. Dinge zu hinterfragen und Theorien zu entwickeln, über das Leben an sich nachzudenken, über seine Bedeutung und darüber, wer du bist – das alles machst du mit deinem Verstand. Verurteile deinen Verstand nicht so oft. Auch er ist etwas Göttliches.

4. Liebe dich selbst, bemuttere dich selbst, belohne dich selbst, rufe dein inneres Kind, mache es dir bequem in deinem Leben. Und wenn du nach Lö-

sungen suchst und es einmal nicht esoterisch sein soll, rufe deine Freunde an. Am besten suchst du dir solche Freunde aus, die voller Freude über ihr eigenes Leben sind, die von Liebe und Vertrauen erfüllt sind. Allein ihre Präsenz wird dir helfen, dich wieder wohlzufühlen und in Einklang mit dir selbst zu gelangen.

5. Was ist für dich real und was nicht? Etwas ganz Reales sollte die göttliche Liebe für dich sein. Sie für real zu halten, ist das Wichtigste. Arbeite daran, wenn du dein Leben verändern möchtest. Deine täglichen Herausforderungen und deine ganzen Probleme schreien danach, dass du deine Sichtweise änderst. Es ist Zeit, anzunehmen und in deinem Leben umzusetzen, dass du ein Teil des Göttlichen bist.

Wir befinden uns in einer Zeit und an einem Punkt der Entwicklung, den vielleicht selbst Gott so nicht voraussehen konnte. Du, ich, wir alle haben die Realität unseres Planeten verändert, wir alle haben die Welt zu einem Ort gemacht, der unglaublich viele Potenziale enthält, die jeder Einzelne jederzeit ausschöpfen kann. Konzentriere dich darauf, dass die Erde zu einem friedlichen Ort wird. Du kannst daran mitarbeiten, in diesem

Leben und auch in deinen nächsten Leben. Dazu bist du auf diese Welt gekommen und wirst wieder hierherkommen. Genau deswegen liest du gerade dieses Buch. Noch nie gab es mehr Potenzial, Licht und Frieden zu verbreiten, als gerade jetzt – für dich selbst und für die Welt.

Die Meister der 12. Dimension – die Gruppe Roland

Wir befinden uns in einer Zeit, in der sich auch für dich ganz viele neue Tore öffnen werden. Neue Bewussheit wird dich umgeben und neue Erkenntnisse werden dein Leben erleichtern. Spürst du es bereits? Spürst du, dass etwas hineinmöchte in dein Leben? Spürst du, dass die Tore weit geöffnet sind und darauf warten, dass du ganz selbstbewusst hindurchgehst? Habe den Mut, und mache jetzt den Schritt, alles Alte loszulassen, um in das Neue hineinzugehen. Du kannst das Alte hinter der Schwelle zurücklassen. Jetzt ist die richtige Zeit. Du brauchst dir aber keinen Druck zu machen, lasse deine Kontrolle aus dem Spiel. Am besten lässt du sie auch gleich zurück, du brauchst gar keine Kontrolle mehr. Kontrolle hat etwas mit Macht zu tun. Du übst Macht über dein Leben aus, über deine Zukunft, über deine Beziehungen, über deine Finanzen, du übst sogar Macht über deine Kinder aus. Merkst du das? Lasse diese Macht los, lasse die Kontrolle zurück. Deine Macht ist eine künstliche Kraft, die nichts mit der neuen Ordnung der göttlichen Harmonie zu tun hat. Diese neue Ordnung wurde auch in dir aktiviert, wenn du dich bewusst dazu entschieden hast. Du kannst dich auch heute noch entscheiden, dich in diese göttliche Ordnung einzugliedern. Triff jetzt die Entscheidung, und sprich laut aus: »Ja, ich bin jetzt offen und bereit dazu, mich ganz und gar in die göttliche Ordnung hineinzubegeben.« Nimm einen tiefen Atemzug, und lehne dich zurück – es ist alles getan. So einfach ist das in der Neuen Bewusstheit.

Bereits seit vielen Monaten spürte ich, dass sich in mir etwas öffnete. Schon immer pflegte ich eine sehr intensive und nahe Verbindung mit meinen Guides (geistigen Führern) und wusste somit, dass etwas auf mich wartete. Ich wusste aber nicht, was genau die geistige Welt da für mich plante. Über viele Wochen hinweg spürte ich immer stärker, wie ein klarer Kanal entstand, eine klare Verbindung zu meinem Hohen Selbst und zu uralten Potenzialen, die ich bereits über mehrere Leben hinweg gepflegt und gefördert hatte. Dennoch wusste ich nicht, worauf dies alles hinauslaufen würde.

Heute bin ich von Dankbarkeit und tiefer Liebe für das erfüllt, was in mir aktiviert wurde: eine klare Verbindung zu einer Gruppe von hohen Wesen aus der 12. Dimension und einer Gruppe von 12 Meister-Qualitäten, die sich mitteilen wollen.

So möchte ich nun das Wort übergeben an »die Meister der Gruppe Roland«, das erste Mal in diesem großen öffentlichen Rahmen.

> »Was ist das für eine Zeit, in der du lebst? Es ist eine Zeit, in der ein Superflow dein Leben erleichtern kann. In dieser Zeit bist du bereits mittendrin, du hast bereits all die neuen Möglichkeiten. Du hast schon lange auf die Zeit hingearbeitet, in der du jetzt bist, weil du dich dazu bereit erklärt hast, hier zu sein, um mitzuhelfen, die Neue Bewusstheit auf der Erde umzusetzen. In der Neuen Bewusstheit kannst du alle alten Potenziale, die du in dir trägst, endlich wieder aktivieren, um ganz die oder der zu sein, die oder der du bist.
> Du wirst dich fragen, was oder wer wir sind. Fühlst du es nicht längst? Fühlst du nicht die feine, liebe-

volle Energie beim Lesen dieser Worte? Fühlst du nicht das Gefühl von Geborgenheit in der liebevollen Fürsorge einer Mutter, eines Vaters? Schon immer trägst du die Sehnsucht danach in deinem Herzen, dich mit der Quelle der 12. Dimension zu verbinden.

Als wir Thorsten unsere ›Partnerschaft‹ angeboten haben, war er tief in seinem Herzen berührt. Klarer und größer kann Liebe nicht sein. Einige Tage vor dem 8. August 2008, an dem wir ihn zum ersten Mal kontaktierten, wurden in seinem Inneren kristalline Strukturen aktiviert, die notwendig sind, um eine direkte Verbindung in die 12. Dimension überhaupt ertragen zu können. Außerdem würde der menschliche Körper sonst die Form und Klarheit dieser besonderen Energie gar nicht wahrnehmen und verarbeiten können. Diese kristalline Struktur ist es, die neue Tore öffnet – neue Tore für die Menschheit, neue Tore für die Erde, neue Tore in dir und für dich.

Stelle es dir so vor, dass die Verbindung zu dieser kristallinen Kraft der 12. Dimension eine direkte Verbindung zur Quelle der Schöpfung ist, eine direkte Verbindung hin zur Quelle, die Gott erschaffen hat. Auch wenn du dir das (noch) nicht vorstellen kannst, ist es doch genau so. Lieber Mensch, sei offen für Dinge, die du noch nie gehört hast, sei offen für Dinge, die du nicht sehen kannst. Das einzige Gefühl, das du bei deiner Entscheidungsfindung berücksichtigen solltest, ist die Liebe. Lehne dich zurück, nimm einen tiefen Atemzug, schließe deine Augen, und spüre, wie die feinen Partikel dieser Liebesenergie in dein Herz strömen. Nimm wahr, wie sie den Schild vor deinem Herzen durchdringen, ihn umströmen, ihn transformieren und verändern. Dadurch kannst du noch feiner und klarer fühlen, wie fein und klar diese Liebe ist, die du in dir trägst und immer besser spüren lernst. Sende sie aus in alle deine Zellen, und lasse sie dort zirkulieren. Du beginnst bereits, dich für unsere Dimension zu öffnen, und deine kristalline Struktur verändert sich. Es ist kein Zufall, dass du diese Zeilen liest.«

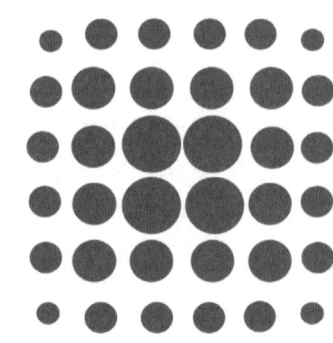

Die Aktivierung der kristallinen Struktur

Roland und seine Gruppe haben von der kristallinen Struktur gesprochen. Das sind 12 rote Kristalle, die in unserem Innern aktiviert werden, um eine Verbindung in die neue klare göttliche Ordnung herzustellen, sodass unser Leben sich in den Superflow hineinbegeben kann.

Was ist der Superflow? Du hast vielleicht bereits erfahren, wie es ist, im Flow zu sein: Du hast eine Idee, fängst an, sie zu manifestieren und zu kreieren, und nach und nach stellt sich dann diese erwünschte Situation in deinem Leben ein. Alles ist leicht zu erreichen und zu verändern. So in etwa war das bislang.
Superflow hingegen funktioniert andersherum.

Es ist bereits alles in deinem Leben, die richtigen Menschen, die richtigen Dinge, du bist am richtigen Ort, und du verfügst über ein Wissen, das dich dazu befähigen kann, die richtigen Entscheidungen zu treffen. Auf einer unbewussten Ebene hast du längst alles manifestiert, und es ist alles bereits da. Du brauchst es nur noch durch dein Bewusstsein zu dir zu holen. Superflow bedeutet, dass du, während du durch dein Leben gehst, die Diamanten findest, die schon auf dich warten. Denn du bist in allem, was ist.

Superflow ist die direkte Verbindung zum Mastermind, durch die dein Sein, dein Körper, dein inneres Selbst genau wissen, was auf dich zukommen wird, und »im Hintergrund« bereits alles organisieren und orchestrieren. Superflow bedeutet Einssein mit dir und deinem Leben, mit deinem göttlichen Selbst, mit dem Größten, was du dir je erträumt hast.

Es ist an der Zeit für diesen Prozess. Tritt jetzt ein, gehe durch diese Türe, die sich für die Menschheit neu geöffnet hat.

Auszug aus einem Channeling vom 23. Januar 2009:

»Sei gegrüßt und verehrt, lieber Mensch, und sei geschätzt für deine Haltung. Du bist ein Mensch, der seine Erfahrungen machte, und diese Erfahrungen bedeuten für dich alles. Dein Verstand versucht ständig, alles zu rationalisieren und zu analysieren – ja, das ist seine Aufgabe. Die Menschen erwachen in dieser neuen Zeit immer wieder aufs Neue, wenn ihnen klar wird, in welcher Konfrontation sie sich mit ihrem Verstand befinden. Sie wissen, dass dieser Apparat da ist, und sie lehnen ihn ab, weil sie glauben, dass er ihnen im Weg steht.

Wir sagen dir: Es ist nicht so, dein Verstand steht dir nicht im Weg. Er hilft dir, deine Erfahrungen zu machen, sodass diese zu der Entwicklung beitragen, die du zu machen dich entschieden hast. Ehre deinen Verstand, ehre deine Ängste, und sei in ihnen. Bete dafür, dass du durch alles geführt wirst, durch das du hindurch möchtest. Dein Verstand ist nichts Schlechtes, er ist ein Teil des göttlichen Wesens namens Mensch. Nutze ihn weise, und bitte ihn darum, dich genau dorthin zu führen, wo es Lernaufgaben für dich gibt. Doch sei kein Opfer dieser Lernaufgaben, sei ein Meister. Du hast sie dir selbst erwählt, du bist ihr Schöpfer, der Schöpfer deines Lebens. Als du vor langer Zeit Ja gesagt hast zu diesem Leben, da wusstest du ganz genau, auf was du dich einlässt.

Es ist eine Zeit der Neuen Bewusstheit. In dieser Zeit erwachen viele neue Dinge, Potenziale und Erfahrungsmöglichkeiten für den Menschen, doch selbst wir wissen nicht im Voraus, was geschieht und wann, denn das ist abhängig von der Bewusstheit der Menschen. Es ist eine Frage der Entscheidungen, die Menschen treffen, und somit eng verbunden mit ihrem freien Willen, auf den wir keinen Einfluss nehmen wollen und werden. Sonst funktioniert das Projekt ›Neue Bewusstheit‹ nicht, es muss sich von selbst entfalten. Lasst euch vollkommen neu auf die kommenden Ereignisse auf der Welt ein, und ihr werdet noch näher an eure eigene Lebenspassion hingeführt.

Es ist uns eine Ehre, lieber Mensch, deine kristalline Struktur zu aktivieren. Sei entspannt und vollkommen ruhig. Du hast nichts zu befürchten. Genieße – und erwarte nichts. Du hast keinen

Druck, du bist einfach nur dabei. Was passiert, ist nur für dich und für deine Zukunft. Lasse dich von uns befreien von diesen alten Implantaten in deiner Struktur, und lasse uns sanft und tief in dir die kristallinen Muster erschaffen. Es katapultiert dich in ein neues Bewusstsein von Liebe, Wohlstand, Integrität und vollständiger Verbindung mit deiner eigenen Akasha. Es werden sich Welten in dir auftun, es werden sich Planeten in dir öffnen, es werden ganz neue Pfade in deinem Gehirn entstehen. Lasse es zu, öffne dich dafür. In Dankbarkeit für deine Offenheit und dafür, dir dienen zu können, verneigen wir uns in Liebe vor dir.

Die Meister der 12. Dimension«

Auszug aus einem Channeling vom 16. August 2009:

»Wir haben uns heute energetisch vereinigt, um wieder einmal ganz nah bei dir zu sein, während du uns spürst, lieber Thorsten, und bei dir, während du diese Worte liest, liebe Freundin, lieber Freund. Es ist von enormer Bedeutung, dass du hier bist, um diese Informationen zu erhalten, weil es dein Leben betrifft, das Leben deiner Kinder und deiner ganzen Umgebung. Es betrifft das Leben in deiner Stadt und in deinem Land. Letztlich geht es um das ganze Universum. Denn es steht jetzt kurz bevor, dass sich ein entscheidender Bewusstseinsschritt in der Entwicklung der Erde vollzieht. Bereits seit vielen Jahren sind vieler deiner Freunde und du selbst dabei, euch weiter zu öffnen für das göttliche Bewusstsein. Und ihr merkt in eurem Alltag immer stärker, dass sich dieses göttliche Bewusstsein integriert hat. Es ist da. Es wurde zu einem Teil von euch. Mal ist es stärker und mal schwächer, doch es ist fast immer da. Dieses göttliche Bewusstsein wird weiterhin dein Leben bestimmen, und das ist es, worauf wir dich heute noch einmal ganz speziell hinweisen wollen: Weiche niemals von diesem Weg ab! Folge immer deinem Herzen und deinem eigenen Ich-Bin. Es wird in der nächsten Zeit viele Herausforderungen geben, die dich von diesem Weg ablenken werden. Bleibe bei dir! Sei du selbst, und folge nur dem guten Gefühl, das du in dir hast.

Während du diese Zeilen liest, empfängst du bereits eine Art von energetischer Ausrichtung, eine Nach-Codierung, die dein göttliches Bewusstsein und die göttlichen Qualitäten in deinem Herzen aufrechterhalten wird. Öffne dich diesem Sein und diesen Energien, liebe Freundin, lieber Freund, die wir jetzt an dich übermitteln wollen. Schon oft haben wir diese Zweifel in dir gesehen und so auch dieses Mal wieder: Wie kann das sein, dass ich eine energetische Ausrichtung erfahre, wenn ich es gar nicht spüre? Aber dasselbe geschieht nachts. Wie ist es, wenn du morgens aufwachst? Hast du dann, wenn du dich an deine Träume erinnerst und die Schwere in deinen Knochen spürst, irgendeine Erinnerung an eine Art von unterstützender Energie? Nein. Und trotzdem erfährst du Nacht für Nacht eine immer höhere Anhebung deines Bewusstseins. Das ist sogar – etwa, indem du deine Körperintelligenz befragst – messbar. Genauso wenig, wie du dies bewusst spürst, spürst du es möglicherweise jetzt in diesem Moment. Und doch ist es real.

Wenn du dich allerdings jetzt darauf konzentrierst, dich zurücklehnst und ein paar sehr tiefe und bewusste Atemzüge machst, dann kannst du es vielleicht wahrnehmen. Atme, und spüre.

Atme immer ruhiger, und spüre immer klarer. So fühlt sich Neue Bewusstheit an. Dies ist die Energie der Gruppe Roland, eine sanfte und doch so kraftvolle Energie, dass sie dein Leben verändern kann, wenn du dich ihr hingeben möchtest. Es ist deine freie Enscheidung, dies zu tun, und es ist deine freie Entscheidung, dies nicht zu tun. Wie auch immer deine Entscheidung ausfällt: Du wirst geliebt, und daran ändert sich nichts. Du bist besonders und einzigartig.

Doch was würde dich davon abhalten? Warum solltest du dich nicht für die göttliche Liebe und das mitfühlende Bewusstsein entscheiden? Auch wenn du jetzt nicht mehr weiterlesen möchtest, so wisse: DU BIST GROSSARTIG. Großartiger als das Größte, was du jemals gesehen hast. Denke immer daran, und lebe es. Lebe es in deinem Herzen, lebe es in deinem Verstand, und bringe diese Großartigkeit in dir zum Ausdruck. Es ist der große kreative göttliche Anteil deines Seins, der dich zu dem macht, was du sein kannst. Lebe deine Passion, entdecke dich selbst, und komme mehr und mehr auf die Ebene des Superflows. Sei der Inbegriff von Superflow, und erlebe, wie das Vertrauen dich in deinem Alltag begleitet.

Vertraue auf dich, vertraue auf dein Herz und auf das, was du fühlst. Wir, die Meister der Gruppe Roland, liegen dir zu Füßen.«

Auszug aus einem Channeling vom 3. September 2009:

»In was für einer fantastischen Zeit wir uns befinden! Es ist wahrlich eine fantastische Zeit, denn es gibt so viele wunderbare Möglichkeiten, von den alten Weisen zu denken und zu handeln loszulassen. Dafür gab es nie eine bessere Zeit. So, wie du es einmal gewohnt warst, wird es nie wieder funktionieren. Aber werden wir konkret: Was ist los in deinen Beziehungen? Warum gibt es gerade jetzt so viele Reibungspunkte, die dich so traurig machen? Weißt du, warum das so ist? Weil du nicht in deiner eigenen Kraft bist. Weil du immer und immer wieder in deine alten Verletzungen fällst, wenn deine Partnerin/dein Partner sich in einer bestimmten Weise verhält. Immer wieder fällst du in deine alte Bedürftigkeit zurück, immer wieder suchst du nach Bestätigung im Außen, immer näher kommst du einer Sucht nach mehr Wertschätzung, nach mehr Bewunderung, nach noch mehr Aufmerksamkeit. Warum ist es dir so wichtig, ständig getröstet zu werden oder noch mehr Vertrauen von den Menschen, die dich umgeben, zu bekommen? Ob nun in deiner Partnerschaft, in deiner Geschäftsbeziehung, in der Beziehung zu deinen Eltern oder zu deinen Freunden, es ist immer die gleiche Suche nach Liebe, Aufmerksamkeit und Respekt. Dabei funktioniert dieses Muster in der Neuen Energie nicht mehr. Du kannst diese alte Bedürftigkeit jetzt aus deinem Leben entlassen und selbst zur Quelle von allem werden. Suche die Quelle nicht länger im Außen, du benötigst keine Liebe mehr von außen. Die Quelle in dir zu haben, bedeutet, alles in dir zu haben, immer mit der Liebe verbunden zu sein und auch Respekt, Wertschätzung, Aufmerksamkeit, Trost, Vertrauen, Bewunderung und Anerkennung zu bekommen, was immer du benötigst. Du kannst es jetzt in dich einatmen, wenn du magst. Nimm einfach einen tiefen Atemzug, dann wird alles in dich hineinfließen. Jetzt ist die Zeit dazu in der Neuen Energie. Es ist Zeit, zu atmen. Es ist Zeit, dich in das Neue hinein auszudehnen und es hereinzulassen.

Wir haben gemeinsam mit unserem Partner Thorsten deine kristalline Struktur aktiviert. Hast du dich seitdem daran erinnert? Hast du dich daran erinnert, dass bereits viele neue Bahnen für Neue Bewusstheit in dir verankert sind? Nutzt du sie? Lebst du sie? Erinnerst du dich daran, dass du die neue kristalline Struktur in deinem Bewusstsein hast, wenn es dir einmal schlecht geht? Erinnerst du dich daran, wenn dich dein Alltag herausfordert? Du trägst hoch schwingende Energiemuster in dir. Nutze sie! Mache dir immer wieder bewusst, dass du in Verbindung mit unserer Dimension stehst und dass du voller Kraft sein kannst, wenn du sie nur hereinlässt. Erinnere dich daran, und arbeite mit diesem Geschenk, das du als neuer Mensch der Erde in dir trägst. Du bist eine Führungskraft dieser Zeit. Du bist ein Botschafter für die Neue Bewusstheit, bringe sie auf die Erde, und sorge dafür, dass das alte Menschsein weichen kann. Eure Führungskräfte aus Politik, Wirtschaft und Medizin haben anscheinend keine Lösungen mehr. Du bist jetzt gefragt. Deine kristalline Struktur verbindet dich mit dem allumfassenden Wissen in dir und aus deiner Quelle.

Wäre es nicht schade, wenn du dieses Potenzial in dir verebben lassen würdest? Wäre es nicht schade, wenn dieses Wissen brachliegen würde, gerade jetzt, wo neues Wissen und kreative Ideen so wichtig sind, für dich, für die Menschheit, für den Planeten?

Wir brauchen dich, um unsere Weisheit auf die Erde zu bringen, wir brauchen verantwortungsvolle Menschen, die ihre Talente ausleben und den Mut haben, das Wissen zu verbreiten. Du hast dich selbst auserwählt, du hast dich dazu entschieden, deine Lebens-Passion zu öffnen und das alles nun in dein Leben hereinzulassen. Möchtest du deinem eigenen Plan folgen? Möchtest du dir selbst nicht länger im Wege stehen und endlich das leben, was du bist, was du selbst gewählt hast durch dein Hier-Sein auf der Erde? Wir brauchen dich. Du brauchst dich, und es ist an der Zeit, dir selbst und deinen Talenten zu begegnen, deinen Ideen ihre kreative Ausdruckskraft zu geben. Öffne dein Herz für dich selbst. Wir ehren dich dafür, und auch, wenn du es nicht tust. Doch warum würdest du etwas zurückhalten wollen, was vielleicht gar nicht mehr aufzuhalten ist?

Wir wollen dich bitten, in dein Herz zu fühlen und dich selbst zu fragen: Möchte ich das? Ja? Es wird dir viel mehr Klarheit über dich selbst bringen, wenn du in die Tiefe eintauchst, die dir jetzt möglich ist. Es wird eine große Freude für dich sein, dich in unserer Energie zu befinden. Spürst du sie bereits beim Lesen dieser Worte? Du kannst immer mit unserer Energie, mit der Energie der 12. Dimension und der kristallinen Struktur verbunden bleiben, denn es ist deine Energie. Spüre deine Kristalle, atme in sie hinein, und sei weise wie eine Meisterin/ein Meister.

Die Meister der Gruppe Roland«

Auszug aus einem Channeling vom 22. September 2009:

»Lasse uns gemeinsam ein paar ganz tiefe Atemzüge nehmen und dabei die Neue Bewusstheit einatmen. Diese Bewusstheit beschreiben wir vielleicht mit den menschlichen Worten als neu, doch in Wirklichkeit ist sie etwas, was du bereits kennst, was du lange, bevor du auf die Erde gekommen bist, mit hierherbringen wolltest, weil du es zu deinem Lebenszweck erklärt hattest, in diesem Leben zu wachsen, dich auszustrecken, dein vollstes Potenzial zu entfalten, dich in das allergrößte Selbst auszudehnen, das du je sein kannst. Du hast es vielleicht zwischenzeitlich vergessen, aber du hast diese Bewusstheit mitgebracht, weil du schon oft hier warst. Vielleicht kannst du jetzt mit diesen Worten nicht gleich etwas anfangen, auch nicht, wenn ich sage: Willkommen, alte Seele! Willkommen in deiner Familie, in dieser Familie, die sich in dieser Zeit zusammenfindet, um ihre Herzen zu öffnen. Es geschieht nichts anderes, wenn du jetzt tief ein- oder ausatmest, als dass du dein Herz für die Neue Bewusstheit öffnest. Aber du trägst es längst in dir, es wurde längst zu einem Teil von dir, als du dich entschlossen hast, diesen Weg zu gehen, den Weg tief in dein Inneres, in Verbindung zu kommen mit deinem Herzen, mit deiner Liebe. Dieser Weg ist wahrlich nicht immer einfach und ist es nie gewesen. Aber wenn du heute, während du dies liest, tief durchatmest, tief einatmest und dabei Neue Bewusstheit aufnimmst, tief ausatmest und dabei dein Herz öffnest, dann ist es einfacher als jemals zuvor. Öffne dich dafür, dass du jetzt ganz tief in Verbindung treten kannst mit deiner Familie der Engel, die sich, lange bevor du begonnen hast, diesen Text zu lesen, bereits in deiner Nähe eingefunden haben, um die Energie vorzubereiten, die du brauchst, um diesen Prozess zu vollziehen.

Es konnte nicht anders kommen, als dass du jetzt diesen Text liest, um alleine oder gemeinsam mit anderen Menschen in dieser Energie zu sein und dein Herz für dich, für die Welt und für das Göttliche zu öffnen. Wenn du heute vielleicht beim Meditieren nicht so tief kommst, wie du es gewohnt bist, wenn deine Gedanken abschweifen in deinen Alltag oder in die Situationen, die du gerade jetzt immer häufiger erlebst, wenn deine Gedanken sich Erlebnissen zuwenden, von denen du geglaubt hast, sie seien längst abgeschlossen, so lasse dies einfach geschehen. Es gibt nichts, was du tun könntest, um das zu verändern. Es geht in diesem Moment nur darum, dass Heilung geschieht – in deinem Herzen, in deinem emotionalen Herzen. Vielleicht kannst du dich öffnen, vielleicht spürst du die Geborgenheit und dieses sichere Umfeld, vielleicht spürst du die Engel und die Energie der Meister der Gruppe Roland.

Je weiter du dein Herz öffnest, desto tiefer kann diese Energie in dich hineinfließen und etwas in dir aktivieren, was dich noch tiefer zu dir selbst, tiefer in dein eigenes Sein bringen wird, was dir helfen wird, dich ganz zu entdecken und du selbst sein zu können, dorthin zu gelangen, wohin du dich schon so lange sehnst. Vielleicht fragst du dich, wann es endlich so weit ist, wann du das mit Leichtigkeit wahrnehmen und erleben kannst, was du dir von Herzen wünschst. Gib dich ganz hin, deinem Leben, deinem Sehnen, deinem Gefühl, allem, was du in dir spürst. Öffne dich dafür, dass die Gruppe Roland, die Engel und Meister jetzt beginnen können, in deinem Energiefeld zu arbeiten, um dich von dem zu erlösen, was dich blockiert hat.

Gib jetzt allen Emotionen, die heute hier ihren Platz haben wollen, diesen Raum, um sich zu entfalten. Auch wenn dein Herz schwer ist, lasse es schwer sein, und gib dich ganz diesem Prozess hin, der dich zu etwas ganz Wundervollem hinführt, etwas Einzigartigem, Unentdecktem in dir.

Du wartest schon so lange darauf, dieses zu entdecken, du sehnst dich schon viele Monate und
Jahre danach, genau diese Befreiung zu erleben.
Und heute und wann immer du diesen Text liest,
hast du die Chance dazu. Öffne dich ganz dir
selbst, atme die Neue Bewusstheit ein, sodass
sie ganz tief in deine Zellen hineinfließt. Spüre,
dass die Gruppe Roland mit ihren Energien präsent ist, und atme diese ganz tief in deine Lungen. Währenddessen kannst du vielleicht wahrnehmen, wie bereits viele Zellen in dir beginnen,
zu jubeln, weil sie etwas von der Neuen Bewusstheit, von unserer Energie, von diesem wundervollen heilenden Licht erhalten haben. Dein Körper saugt das auf wie ein Schwamm das Wasser.
Während du langsam weiteratmest, richte bitte
deine Aufmerksamkeit auf dein Herz, auf die
Mitte deines Brustkorbs – vielleicht kannst du es
sehen, wie dort rote Lichtpartikel, umgeben von
einem goldenen Glitzern, sich den Weg nach
oben suchen aus deinem Herzen heraus in Richtung deines Kopfes, um dein Herz mit deinem
Gehirn in Verbindung zu bringen, mit deinem
Verstand, mit deinem neurobiologischen System. Nimm wahr, wie die Energie wandert, wie

rotes und goldenes Glitzern aus deinem Herzen heraus in deinen Kopf strömt. Jetzt steht bereits eine Meisterin, ein Meister der Gruppe Roland bei dir und überträgt dir Energie. Wo auch immer du diese Energie spürst, dort ist sie richtig für dich. Vielleicht spürst du sie in deinem Kopf, in deinem Herzen, in deinem Bauchraum, vielleicht in deinen Händen oder in deinen Füßen. Diese Energie verbindet dich jetzt mit dem Quantenfeld von Heilung und göttlicher Liebe. Atme diese Energie sanft in deine Lungen, spüre die Präsenz, und gib dich dem ganz hin, während du dich weiterhin entspannst und vielleicht wahrnimmst, dass bereits viele Bereiche in deinem neurobiologischen System verändert werden. Dadurch kannst du dich diesem Prozess endlich öffnen, dich für dich selbst öffnen und die Liebe in deinem Herzen wahrnehmen und sie verschenken an dich selbst, an die Menschen, die du liebst, an die Kinder dieser Welt, an alle Menschen, die dir begegnen auf deinem Weg, in deinem Leben, in deinem Beruf, an deine Partnerin, an deinen Partner, an deine Eltern. Lasse diese Liebe frei fließen zu den Menschen, die in diesem Augenblick an dich denken. Verbinde dich mit ihren Herzen, auch wenn du nicht weißt, wem du deine Liebe schenkst, lasse sie frei fließen, und spüre, wie sich dein Herz immer noch weiter öffnet für das, was bereits so lange auf dich wartet.

Vielleicht erinnerst du dich jetzt daran, tief in deinem Herzen, dass es dein Wunsch war, auf diese Erde zu kommen. Dass du auf diese Erde gekommen bist, um zu wachsen und dich dem Licht entgegenzustrecken, nach den Sternen zu greifen und immer weiterzugehen in Richtung Freiheit, weiter in Richtung deiner Glückseligkeit, näher hin zu dem, was du wirklich bist: ein großartiger Mensch, ein wundervoller Engel in Menschengestalt, der seine Liebe überall auf der Welt frei zum Ausdruck bringt, ohne dafür etwas bekommen zu wollen. Doch von Beginn deines Aufenthalts auf der Erde an wusstest du, dass das Leben anders funktioniert, dass du nur gibst, um zu bekommen, dass zu geben eine wunderbare Möglichkeit ist, etwas zu bekommen. Und so hat sich dieses Konzept über Jahrtausende hinweg im kollektiven Bewusstsein verankert. Aber jetzt, während du diesen Text liest – und du liest dies nicht zum ersten Mal –, wird dir wieder bewusst, dass der einzige Zweck, zu dem du hier auf der Erde bist, der ist, deine Liebe zum Ausdruck zu bringen. Das bedeutet, deine Kreativität zum Ausdruck zu bringen, dich selbst vollkommen zu entfalten, dich selbst zu leben, deinem inneren Sehnen endlich stattzugeben und seine Erfüllung nicht immer von irgendetwas anderem abhängig zu machen. Atme die Neue Bewusstheit erneut ein, atme sie ganz tief in deine Lungen, und spüre, wie gut es tut. Es tut gut, die Wahrheit anzuerkennen, dass nur eines zählt: dein Herz zu öffnen, auch wenn es verletzt werden kann. Darum bitten dich die Engel und Meister, und genau darum bittest du dich auf einer ganz hohen Ebene täglich selbst. Wenn du diese Überzeugung fest in dir verankert hast, dann wirst du wahre Freiheit und in deinem Herzen wirkliche Klarheit spüren, dann kannst du dich weiter in deinem Leben entfalten. Liebe, wen(n) du liebst, liebe, wen(n) du lieben möchtest.

Vielleicht spürst du jetzt in dir, dass es hell wird, vielleicht siehst du jetzt, wie die Flamme in dir beginnt aufzulodern, diese kleine Flamme, die entfacht werden möchte. Die Liebe in deinem Herzen möchte einen vollkommenen Ausdruck in deinem Herzen finden und sich entfalten, sie möchte nicht länger begrenzt werden. Also erlaube dieser Flamme aufzulodern, und spüre, wie sie dein ganzes Inneres erhellt. Diese Flamme der Liebe in deinem Herzen ist der Wegweiser in deinem Leben. Sie ist das Leuchtfeuer, das dir den Weg nach Hause weisen wird. Wisse, dass du immer von Liebe umgeben bist und dass du immer die Kraft haben wirst, die Flamme in dir auflodern zu lassen, wenn du dein Herz öffnest und dich den Dingen stellst, die es verschlossen haben.

Wenn du nicht weiter Reißaus vor den Dingen nehmen möchtest, vor denen du schon dein ganzes Leben lang flüchtest, öffne dein Herz und stelle dich deinen größten Ängsten. Dann wirst du die höchste Glückseligkeit und Freude erfahren, in einer Tiefe, von der du bislang nicht geglaubt hast, dass sie in dieser wundervollen Wahrhaftigkeit überhaupt existiert. Während diese Worte und die Energie, die in ihnen schwingt, weiter ihr Licht in deinem Inneren ausbreiten, kannst du dich für noch mehr von diesem göttlichen Segen, von dieser Wahrhaftigkeit, die in Wirklichkeit du selbst bist, öffnen.

Wenn du diese Energie in deinem Kopf und in deinem Körper spürst, wie sie dich ganz ausfüllt, so sei dir bewusst, dass es göttliche Energie ist. Aber sei dir gleichzeitig auch bewusst, dass es deine eigene Energie ist. Du bist das Göttliche, du bist der göttliche Mensch, du bist die Kraft, du bist das, wonach du immer im Außen gesucht hast. Das alles findest du in dir. Du bist Gott. Stelle dir vor, stelle dir einfach vor, wie du vor einem Spiegel stehst und dir in die Augen siehst. Sieh dich in den Spiegel sehen, sieh dich in die Augen des Göttlichen blicken, sieh, wie diese Flamme tief in deinem Herzen lodert, wie sie dir Kraft und Mut gibt, und spüre, dass du dich allem, was du in deinem Leben siehst und was auf deinem Weg auftaucht, vollkommen gelassen hingeben kannst, weil du die Kraft in dir trägst, alles zu transformieren, wovor du bisher weggelaufen bist. Schaue jedes Mal, wenn du in einer Situation bist, in der du glaubst, es nicht schaffen zu können, in den Spiegel, sieh deine Augen, sieh in diesem Spiegel die Augen Gottes, der die Kraft hat, alles zu verändern, der die Kraft hat, alles durchzustehen. Sieh, wie erfüllt sie von Liebe sind, wie erfüllt sie sind von Barmherzigkeit und Freude.

Öffne dich jetzt, öffne dich der göttlichen Energie, die deine eigene ist, und empfange, was du empfangen möchtest. Bleibe noch eine Zeit lang einfach sitzen, und empfange den göttlichen Segen, die Energie der Liebe und die Energie der Freude. Empfange reines göttliches Licht, und lasse es ganz tief in dein Herz ein.
Wir verneigen uns zutiefst vor dir.
Die 12 Meister der Gruppe Roland«

Übung:
Das kollektive
Angstbewusstsein transformieren

Du bist nicht immer der Denker deiner Gedanken, auch wenn du sie selbst denkst! Die Meister der Gruppe Roland haben mir zwei Symbole durchgegeben. Diese Symbole geben uns die Möglichkeit, uns aus dem kollektiven Denken zu lösen, sodass diese kollektiven Energien, die für unser persönliches Leben eher destruktive Energien sind, nicht mehr in unserem Leben wirken.

Die Transformation des kollektiven Bewusstseins ist möglich, wenn du durch die Anwendung der beiden Symbole eine rasche Veränderung in deinem Leben und eine An-

hebung deines Bewusstseins bewirkst. Visu-
alisiere zuerst das Symbol für die Transfor-
mation des kollektiven Bewusstseins (Abb. 1)
auf deiner Stirn und danach das Symbol für
den Fokus auf die allumfassende Liebe des
Schöpfers (Abb. 2) in deinem Herzen.

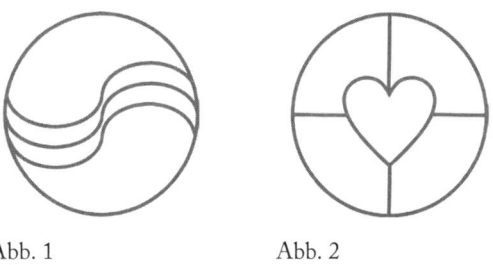

Abb. 1   Abb. 2

Stelle eine Verbindung von deiner Stirn
zum Herzen her, und lasse innerhalb dieser
Verbindung die Energie zirkulieren, indem
du dir vorstellst, dass ein rotes kristallenes
Licht in dir fließt, das aus der Quelle der
12. Dimension kommt. Mache dies in den
nächsten Tagen zwei bis drei Mal pro Stun-
de, um immer weiter aus dem kollektiven
Gedankengut der Angst heraus- und in ein

Bewusstsein hineinzugehen, das dich und dein Leben erleichtern wird. Ganz von allein, ganz automatisch.

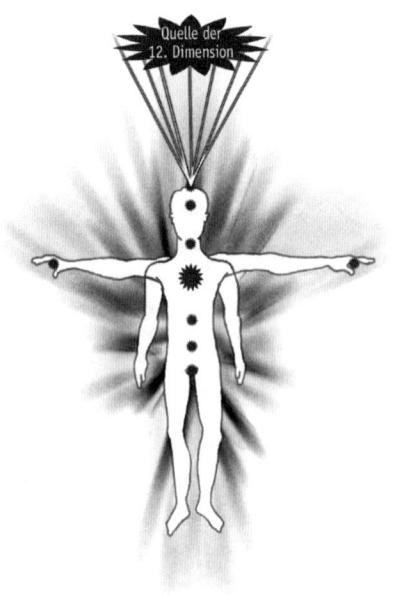

Dein höherer Daseinszweck

Deine Möglichkeiten, das Leben zu erfahren, sind unerschöpflich, wenn du nur immer deine Intention entsprechend ausrichtest und erlaubst, dass alle Bilder in deinem Kopf verschmelzen zu einem Kunstwerk von Farben, von Schwingungen, von Gerüchen, von Geschmäcken, von Klängen. Erlaube allen deinen Sinnen, in diese sich vermischenden Gefühle, Bilder und Symbole einzutauchen, bis du wieder das Gefühl der Dankbarkeit hierfür entdeckst. Dieses Gefühl steht mit der Liebe in Verbindung und sorgt dafür, dass du dich in deinem Alltag und in deinen Gedanken immer besser entspannst. Dadurch wird dein Kopf immer klarer – weniger Gedanken, mehr Verbindung, in die du tiefer und tiefer gehst, sodass alle schmerzhaften Erfahrungen in deinem Leben geklärt werden.

Und ganz plötzlich wird dir dann klar werden, dass jede und jeder von uns eine Rolle auf diesem großen Planeten spielt. Dass dein Partner/deine Partnerin, deine Freunde, deine Kolleginnen/Kollegen, deine Familie und sogar dein ganzes Land und alle Menschen auf dem Planeten nichts anderes als Bestandteile einer großen Vernetzung sind. Sie alle tragen dazu bei, dass du an deinen Platz im Leben gestellt wirst. Dabei ist es egal, ob du deine Lektionen gelernt hast oder immer wieder die gleichen Muster wiederholst. Jeder Mensch hat teil an dieser Verbindung, vierundzwanzig Stunden am Tag.

Mit diesem neuen Bewusstsein kann dein Leben etwas ganz anderes werden. Es wird zu einer Einladung, die Heilung ermöglicht, einer Einladung, deine eigenen Qualitäten auf die Probe zu stellen, herauszufinden, ob du genug Mut hast, dein Leben so zu führen, wie du es von deinem Höheren Selbst her entscheidest. Die Chancen, zu prüfen, wo du in deiner Entwicklung stehst, sind also unermesslich. Ständig bekommst du von deiner Umwelt gespiegelt, wie du deine Entscheidungen triffst: Kommen sie aus der Freiheit, oder triffst du sie aufgrund der Vergangenheit, deiner Angst, aus dem Wunsch heraus, deinen Status quo aufrechtzuerhalten. Wage es, wirklich zu leben, das Risiko des Loslassens einzugehen. Indem du das wählst, was sich für dich persönlich wirklich gut anfühlt, dienst du deinem selbst gewählten höheren Zweck. Andere Personen können sich dadurch abgelehnt fühlen und sich aufgrund dessen dafür entscheiden, zu leiden, doch dadurch wirst du zum Spiegel für diese Person und stößt für sie die Türe zu ihrer Heilung auf.

Wenn du angeschlossen bist an deinen höheren Daseinszweck, an das, was du für dich gewählt hast, was dein höherer Daseinszweck sein soll, kannst du bei der Heilung dieser anderen Person mitwirken. Selbst wenn sie dir die Schuld an ihrem Leiden gibt, weißt du in deinem Herzen, dass du nur die Rolle spielst, die die Vernetzung vorsieht, für die ihr beide euch entschieden habt. Du handelst so, wie es deinem Plan entspricht, wie du es auf einer anderen Ebene versprochen hast, wie du es mit der anderen Person »vereinbart« hast. Dabei ist aber ganz klar: Du kannst dich jederzeit neu entscheiden. Es gibt in dieser Neuen Energie keine Bindungen an alte Verträge mehr, du kannst dich von ihnen lösen, dein Karma loslassen, du kannst sogar alle Attribute ablegen, die mit dem Zeitpunkt deiner Geburt in Verbindung stehen – du musst nicht die Qualitäten leben, die dein Sternzeichen dir vorgibt. Du kannst es, doch du musst es nicht mehr, das ist eine Frage deiner Entscheidung. Auch wenn du bisher nichts anderes in deinem Leben erfahren hast, kannst du es heute verändern. Entscheide dich! Willst du es verändern? Willst du Freiheit?

Wenn du deinem höheren Daseinszweck dienst, lebst du deine Göttlichkeit und integrierst sie in dein tägliches Leben und wirst dadurch zu einem Werkzeug des Göttlichen.

Es ist dabei vollkommen egal, was du in deinem Alltag machst, was du bist oder welchen Job du hast. Du kannst spiritueller Lehrer sein oder alleinerziehende Mutter, Banker oder Juristin, du kannst studieren oder eine Autowerkstatt besitzen. Entscheidend ist, dass du zu einem Werkzeug des Göttlichen wirst, sodass sich Türen in deinem Leben öffnen, die sich auf keine andere Weise öffnen lassen. Wenn du deinem Daseinszweck dienst, führt das zum Tor deiner eigenen Heilung. Willst du diese Entscheidung jetzt treffen, aus diesem Denken heraus zu leben, dich selbst dazu zu verpflichten, dich durch nichts aufhalten zu lassen, so lange, bis du ständig auf dieser Ebene leben kannst, dann lehne dich zurück, und beginne, diesen Vertrag mit dir selbst zu schließen. Mache ein schönes Ritual daraus, zünde dir eine Kerze an, und bringe dich in eine entspannte Stimmung.

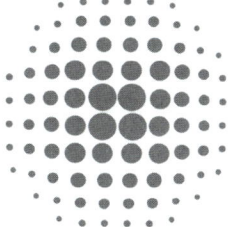

Übung:
Der Vertrag

Du setzt jetzt einen Vertrag mit dir selbst auf. Du musst dies wirklich von Herzen wollen. Setze auf der freien Linie deinen Namen ein, und stelle dir vor, dass dich ein Kraftfeld der höchsten Intelligenz umgibt. Visualisiere dafür vielleicht das Bild einer goldenen Pyramide, in der du dich befindest. Stelle dir vor, wie du zu einem Helferteam von Engeln und Guides sprichst.

Ich, _____Christine_____ *, habe mich heute dazu entschieden, diesen Vertrag mit mir selbst abzuschließen. Ich weiß, dass die Inhalte unwiderruflich sind, und ich übernehme die volle Verantwortung dafür,* von nun an mein Leben selbst zu erschaffen. Ich lebe ganz bewusst und kenne die universellen Gesetze der Schöpfung, der Anziehung und des Mitgefühls.

Wie fühlt sich das für dich an? Willst du das? Höre bitte auf dein Herz, dann wirst du es wissen. Du kannst auch erst einmal weiterlesen und dann deine Entscheidung treffen.

§ 1 Ich bitte die höchste Intelligenz der universellen Schöpfung, mich auf allen Ebenen harmonisch zu unterstützen, damit ich jetzt meine Rolle als Mitschöpfer des Friedens, der Liebe und des Überflusses auf der Erde erfüllen kann.

Christine

Unterschreibe bitte hier.

§ 2 Ich wähle von jetzt an einen Lebensstil, der mich von Tag zu Tag immer mehr auf die höchste Schwingung der göttlichen Intelligenz einstimmt. Dadurch kann ich meinen Auftrag, den ich für mein Leben hier auf der Erde selbst gewählt habe, jetzt mit Begeisterung, Leichtigkeit und Freude erfüllen.

Christine

Unterschreibe bitte hier.

§ 3 Ich bitte jetzt die göttliche Präsenz, auf allen bekannten und unbekannten Ebenen der Schöpfung, mich bis in die 12. Dimension und darüber hinaus mit der höchsten Schwingung meines authentischen Seelenselbst zu verbinden.

Christine

Unterschreibe bitte hier.

§ 4 Ich danke dem intelligenten Universum und erkenne mich jetzt als Gott in Menschengestalt. Ich übernehme die volle Verantwortung für meine schöpferische Kraft, von der ich einen Teil auch für den Frieden anderer einsetzen möchte. Ich akzeptiere jetzt, dass ich mit dieser Kraft bei minimalem Einsatz meiner Ressourcen das Großartigste erschaffen kann.

Christine

Unterschreibe bitte hier.

§ 5 Ich bitte um eine vollkommene Verbindung in diesem kosmischen Netzwerk – auch zu allen anderen Menschen und zu meinem göttlichen Helferteam. Ich bitte darum, dass alle karmischen Verwicklungen jetzt ganz leicht und voller Freude zu Ende gebracht werden.

Christine

Unterschreibe bitte hier.

§ 6 Ich bitte um den perfekten Ausdruck der Göttlichkeit in mir, die ICH BIN. Ich bitte um die Fähigkeit, die Göttlichkeit, die ICH BIN, immer in meinem Umfeld wahrzunehmen. ICH BIN der vollkommene Ausdruck der göttlichen Gnade, und ich akzeptiere dies jetzt. ICH BIN der perfekte Ausdruck der göttlichen Liebe. ICH BIN der perfekte Ausdruck der göttlichen Weisheit. ICH BIN der perfekte Ausdruck des göttlichen Mitgefühls. Ich akzeptiere, dass ICH BIN, was ICH BIN, der vollkommene Ausdruck all dessen, was der beste Teil meines Selbst ist. Ich bin ein Teil Gottes. Ich bin Gott.

Christine
_____

Unterschreibe bitte hier.

§ 7 Ich schenke meinem Herzen viel Beachtung. Ich nehme stets Kontakt zu meiner Intuition auf und folge ihr. Ich sehe mit meiner inneren Wahrnehmung. Ich weiß, dass, wenn ich vermehrt das mache, was sich gut

und schön für mich anfühlt, ich mich auf den
Weg begebe, auf den mich meine Seele,
mein Herz und die Verbindung zum Göttlichen rufen. Ich werde alles tun, was mir
meine geistige Führung eingibt, damit alle
meine Wünsche, die meinem menschlichen
Daseinszweck dienen, jetzt erfüllt werden.
Ich handle immer als Meisterin/Meister,
die/der ICH JETZT BIN.

Christone
_____
Unterschreibe bitte hier.

§ 8 Ich akzeptiere die Unterstützung durch
mein Team der geistigen Helfer und die
»Spezialausbildung«, die es mir geben
kann, weil sie für mich notwendig ist, und
gehe davon aus, dass diese zu meinem
Besten und zum Besten des Planeten und
aller meiner Mitmenschen ist. Ich bitte darum, dass diese Ausbildung während meiner
Meditationen oder während der Nachtstun-
den auf liebevolle und leichte Weise erfolgt

*und ich meine Einsichten und Erfahrungen
ganz leicht in mein Leben integrieren kann.
DANKE!*

Christine

_____

Unterschreibe bitte hier.

Unterschreibe jeden Absatz des Vertrages
bitte nur dann, wenn du innerlich »Ja«
dazu sagen kannst, und visualisiere am
Schluss, wie du den unterschriebenen Vertrag einem Guide aus deinem Helferteam
übergibst und er dann vom Universum
dankbar angenommen wird.

Lies diesen Vertrag in den kommenden
zwölf Tagen jeden Morgen, und mache dir
seine Inhalte immer wieder bewusst.
Du wirst erleben, dass du noch mehr Dankbarkeit für das empfinden kannst, was du
selbst erschaffst, für die Entscheidungen,
die du eigenständig triffst. Selbst wenn du
manchmal Zweifel erlebst und dich fragst,

ob du das hinbekommst, ob du schon so weit bist, wird dich dieses Gefühl der Dankbarkeit erfüllen.

Du verstehst jetzt, dass das Leben ein Training ist, und du immer größere Fortschritte beim Lernen machst. Das Leben ist dein Lehrer. So ist es konzipiert, anders geht es nicht – du musst nur eine Entscheidung treffen, die dem entspricht, was du willst, dann geschieht alles von selbst. Dieses Buch wird dich bei deinen Entscheidungen unterstützen und dir bei dem Training namens Leben helfen. So lange, bis die Verbindung mit deinem authentischen Seelenselbst in totaler Leichtigkeit geschieht, *musst* du dir die Zeit und den Raum nehmen, um dich selbst darin zu trainieren. Letztlich wirst du eine Meisterin/ein Meister sein und die vollständige Kontrolle darüber haben, mit dir selbst verbunden zu sein. Diese Kontrolle ist die einzige, die du letztlich benötigst. Du willst nur offen und verbunden sein, sodass du vertrauen und dir selbst und deinem Leben blind folgen kannst. Dadurch wirst du zum wahren Werkzeug deines höheren Daseinszwecks, zum Werkzeug des göttlichen Selbst.

Erlaube dir jetzt, Frieden zu schließen mit diesem einen Gedanken – dass das Leben dir alles geben wird, was du brauchst, um deinen Daseinszweck zu erfüllen, ihm zu dienen und Fortschritte zu machen. Verspüre diese tiefe Dankbarkeit in dir dafür, dass deine Kräfte immer mehr zunehmen, dein Verständnis immer tiefer greift und deine Verbindung immer fester wird.

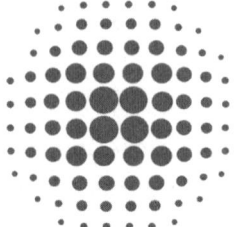

Übung:
Ein starkes Spiegelbild

Vom jetzigen Stand der Entwicklung deiner neuen Bewusstheit aus kannst du nun voller Gelassenheit die folgende Übung machen, um das Erreichte zu festigen. Sprich die wunderbaren Affirmationen über dich und jeden Bereich deines neuen Lebens. Stelle dich dazu vor einen Spiegel, und sieh in deine Augen, sieh in dir das Göttliche. Sieh deine Großartigkeit. Sieh dich!

Stärkung deines Selbst
Ich bin eins mit der Kraft, die mich erschaffen hat. Diese Kraft hat mir die Macht gegeben, meine eigenen Lebensumstände zu

erschaffen. Ich liebe und ich bin liebevoll, ich begegne der Liebe überall. Alles in meiner Welt ist gut.

Beziehungen
Ich lebe in Harmonie und Balance mit allen, die ich kenne. Ich liebe mich selbst. Und deswegen ziehe ich liebende Menschen in mein Leben. Ich lasse die Vergangenheit hinter mir zurück und bin frei, im Hier und Jetzt meine volle Liebe auszudrücken.

Gesundheit und Wohlbefinden
Ich höre in Liebe auf die Botschaften meines Körpers. Ich bin gesund, komplett und vollkommen. Ich fühle, wie das vibrierende Wohlbefinden in meinem Körper jeden Tag stärker wird.

Wohlstand
Meine schönsten Träumen bilden meine Wirklichkeit. Ich bin eins mit der kreativen

Kraft des Universums. Und diese Verbindung bringt mir Vollkommenheit und Fülle. Ich lerne aus jeder Erfahrung, und alles, was ich angehe, wird zum Erfolg.

Job
Ich habe einen Job, den ich wirklich liebe. Ich arbeite mit Menschen zusammen, die ich liebe, Menschen, die mich lieben. Mein Job gibt mir die Möglichkeit, meine Talente und Potenziale, mein Selbst ganz kreativ zu entfalten, und ich bekomme dafür ein sehr gutes Einkommen. (Du kannst das auch spezifizieren: ... ich bekomme dafür ein Einkommen von mehr als 100 000 Euro im Jahr – oder wie viel es sein soll.)

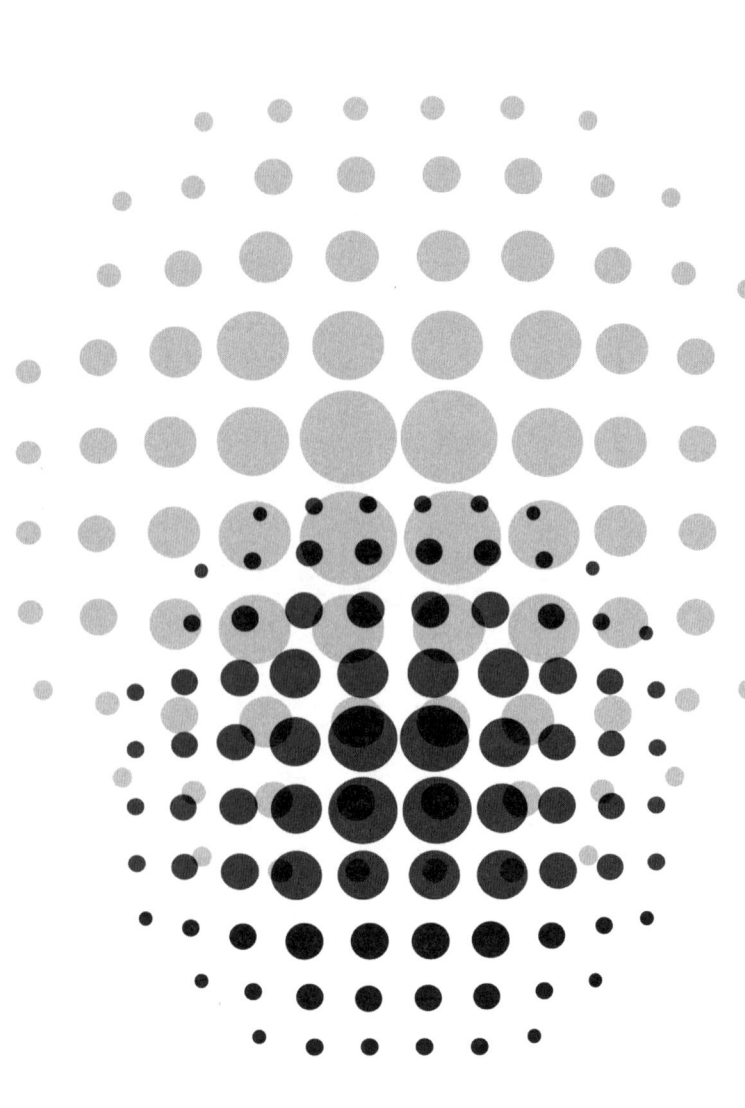

Befreie dein inneres Kind

Du stehst jetzt im Einklang mit deiner Herz-schwingung und empfindest eine Liebe in dir, die dir Frieden schenkt, die dich nährt, sodass du dein Leben in vollen Zügen genießen kannst. Spüre, wie deine Seele sich von der Liebe ernährt und so Leid und Schmerz in deinem Herzen heilt. Dieses Leiden rührt von deinen früheren Beziehungen her, Beziehungen zu deinen Eltern, Lehrern, Ex-Partnern und anderen. Es war so viel Leiden in dir, dass du es unterdrückt hast – vielleicht nimmst du es gar nicht mehr bewusst wahr.

Aber alle Traumata des Lebens, aller Schmerz, den du erlitten hast, die Demütigungen, die Ablehnung, das Gefühl, nicht akzeptiert, nicht respektiert, nicht wertgeschätzt zu werden, kein Vertrauen zu finden, nicht umsorgt zu werden, nicht geliebt zu werden – das alles ist immer noch in dir. Und es ist nun an der Zeit, davon geheilt zu werden.

Stelle dir vor, dass all diese Verletzungen aus der Vergangenheit in einer dunklen Wolke gesammelt wurden, die sich um dein Herz herum gebildet hat, und dich von der wahren Liebe abschirmt. Stelle dir diese Wolke bildlich vor, du kannst auch in sie hineintauchen, um das Leiden zu spüren, das Leiden vieler Leben auf einmal.

In deinem Herzen existiert eine Sehnsucht danach, geliebt, angenommen und umsorgt zu werden – das Verlangen danach, einen Sinn zu haben. Spüre diese Wolke in dir. Sie hat dich darauf programmiert, außerhalb deiner selbst nach Liebe zu suchen. Nur aus diesem Grund bist du so viele Male enttäuscht worden, in so vielen Leben. Du hast jedes Mal aufs Neue alles getan, was möglich war, um dein Herz erneut zu öffnen, neue Freunde zu finden, neue Partner, die du aus Sehnsucht nach Liebe in dein Herz geschlossen hast. Doch du wurdest immer wieder enttäuscht, erfuhrst Ablehnung, was eine große Schwere und Traurigkeit in dir erzeugte. Diese Wolke hast du aufgebaut, um dich selbst zu schützen, abzuschirmen gegen Enttäuschung und Isolation. Du hast dich so lange dahinter verschanzt, bis du dahin gelangt bist zu glauben, du würdest die Liebe einfach nicht verdienen, du seiest ihrer nicht würdig, weil du anders bist, dein Leben würde dir nie die Liebe schenken, nach der du dich sehnst. Es ist an der Zeit, diese Traurigkeit loszulassen, diese Dunkelheit in deiner Seele, und stattdessen dein Licht erstrahlen zu lassen.

Diese scheinbar raue Welt wurde dazu geschaffen, dich die wichtigste Lektion des Lebens lernen zu lassen: dass Liebe nicht außerhalb von dir ist, sondern in dir. Aufgrund all der Programmierungen, die du durchlaufen hast, hast du falsche Glaubenssätze für dich erschaffen und falsche Identitäten angenommen, die von Bedürftigkeit geprägt waren, von Wut und Frustration. Vielleicht hast du das gut weggesteckt und so getan, als wäre alles in Ordnung, hast fröhlich und optimistisch gewirkt und immer vorgegeben, du würdest nicht leiden – es sollte ja keiner mitbekommen. Vielleicht hast du dich sogar selbst davon überzeugen können, dass alles tatsächlich in Ordnung sei. Vielleicht hast du dich selbst so lange an der Nase herumgeführt, dass du nicht einmal mehr deine Traurigkeit spüren kannst. Erlaube dir, dich für die Möglichkeit zu öffnen, dass da noch Traurigkeit in deinem Herzen ist.

Denke dabei an das Gesetz: Was immer du vollkommen erlebst, führt dich automatisch hin zur Freude.

Sieh die Traurigkeit nun als diese dunkle Wolke, die sich um die Liebe in deinem Herzen gelegt hat, sodass du deine Traurigkeit möglicherweise für lange Zeit nicht mehr spüren konntest. Du siehst auch, dass all die spirituellen Glaubenssätze – dass du andere Menschen lieben müssest, dass wir alle eins seien, dass wir alle göttliche Wesen seien – die Wolke in deinem Herzen nicht gelöst haben. Sie haben vielmehr eine lichte Wolke gebildet, die sich noch um die dunkle Wolke hüllt.

Du hast vielleicht angefangen zu glauben, dass alle Traurigkeit verschwunden war. Aber da ist immer noch dieses kleine Kind in dir, das voller Angst in der Dunkelheit lebt, das sich verwundet fühlt und deine Liebe braucht. Versuche, mit diesem inneren Kind in Kontakt zu kommen, indem du dich für es öffnest. Wenn du in diese dunkle Wolke hineintauchst, wirst du auf dein inneres Kind stoßen, dem es erbärmlich geht, das solche Angst hat, dass es deine Heilung benötigt. Tauche in die Dunkelheit deiner Trauer ein. Es braucht Mut, sich in diese Dunkelheit hineinzubegeben, um dort sein inneres Kind wiederzufinden. Begib dich dorthin, und spüre in dich hinein, wo genau du dein inneres Kind finden wirst. Sieh dich dann selbst als kleines Mädchen oder kleinen Jungen vor dir stehen. Dieses kleine Kind, das deine Liebe braucht, bist du. Es braucht nicht die Liebe von anderen Menschen, sondern deine eigene, deinen Glauben an dich selbst – du befreist dich selbst.

Nun schließe das innere Kind in deine Arme. Selbst wenn es in deinem Innern immer noch dunkel ist, bringe das Kind in Verbindung mit deinem Herzen, diesem Ort in dir, an dem nur Liebe und heilendes Licht existieren. Nähre es mit deiner Liebe, nähre es mit deinem Licht, und spüre, wie die Transformation einsetzt. Wenn du dich dazu entscheidest, die Vergangenheit und deine tief sitzende Traurigkeit loszulassen, deine Glaubenssätze, dass du nicht gut genug seist, dann wirst du deinem inneren Kind Heilung bringen, du wirst es befreien von allem Leiden. Schaue deinem inneren Kind in die Augen, und gib ihm jetzt ein Versprechen: dass du tun wirst, was in deiner Macht steht, um die Wolken in deinem Innern loszulassen und dich für die Liebe zu entscheiden.

Triff die Entscheidung, dein Leben in Verbindung mit deinem höheren Daseinszweck, deinem authentischen Seelenselbst zu führen und von jetzt an die volle Verantwortung zu übernehmen für alles, was dir widerfährt. Du hast dir fest vorgenommen, dein Leben so zu führen, dass du an die tiefste Quelle in dir, an die göttliche Quelle angeschlossen bist. Spüre das in deinem Herzen. Die Bitterkeit legt sich, die Isolation schwindet, die dunklen Wolken beginnen davonzutreiben. Und obwohl noch etwas Arbeit vor dir liegt, ist der Anfang getan.

Spüre die Dankbarkeit und die Liebe, die von deinem Herzen kommen. Spüre, wie nun alle Bereiche deines Körpers von ihnen erfüllt werden. Gehe in deinen Unterbauch, und spüre ihn. Was du dabei erlebst, ist dein innerer Frieden und das Gefühl, vollkommen sicher und geborgen in diesem Raum zu sein. Du hast jetzt einen Raum in deinem Inneren geschaffen, in dem Heilung stattfindet, einen Raum für Regeneration. Du bist dort vollkommen sicher, wie chaotisch die Welt auch werden mag. Genieße diesen Raum. Und fühle, dass er dir die Kraft verleiht, ganz klare Grenzen zu setzen und dir den Raum zu nehmen, den du brauchst, damit deine Lebensqualität optimiert wird. In diesem Raum stehst du immer in Verbindung zu deinen Geistführern und anderen Lichtwesen, die hier sind, um dich zu unterstützen. In der kommenden Zeit wirst du diesen Raum deiner inneren Sicherheit immer besser kennenlernen. Spüre, wie dieses kraftvolle Gefühl des inneren Friedens sich in deinem Körper ausbreitet, zusammen mit der Liebe aus deinem Herzen, zusammen mit deiner Dankbarkeit. Sei in den kommenden Tagen einfach vollkommen offen dafür, diesen Transformationsprozess zu erfahren. Du wirst keine Angst mehr haben, denn du weißt, dass dies dein Weg ist, der Weg, auf dem du mit deinem höheren Daseinszweck in Kontakt kommst und dich an die göttliche Quelle anschließt. Sieh bildlich vor dir, wie dieser Prozess sich in deinem Körper ausbreitet und du den Kontakt zu deinem Geist, deinem Nervensystem, deinem Herzen, deinem Energiekörper und deiner Körperintelligenz herstellst.

Diese harmonische Ausrichtung ist vollkommen synergetisch. Es gibt keine Unterschiede zwischen deinem höheren Daseinszweck und deinem Geist, deinem neurologischen System, deinem Herzen und deinem Bauchgefühl – all das ist eins, und diese Einheit fühlt sich wundervoll an. Erlaube, dass die Energie des dich beseelenden Geistes die Harmonie erschafft, nach der du dich sehnst. Dadurch verschwindet das Gefühl der Spaltung.

Diese Synergie sorgt dafür, dass du zu einem göttlichen Instrument werden kannst – dein Körper wird zu deinem Instrument, und du zum Instrument deines Höheren Selbst. Wenn in dir jetzt alles harmonisch ausgerichtet ist, dann werden sich die Dinge auch außerhalb von dir harmonisch ausrichten.

Du ziehst das an, was du selbst bist. Sei vollkommene Harmonie, und werde ein Magnet für Harmonie.

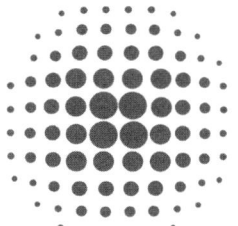

Übung:
Sei ein Magnet für Harmonie

Lies den folgenden Text für einige Zeit abends vor dem Zubettgehen und morgens gleich nach dem Aufstehen. Nimm die Schwingung daraus mit in deinen Schlaf, und beginne deinen Tag mit ihr. Das wird wahre Wunder bewirken.

»Ich spüre die perfekte Harmonie in mir. Ich bin in vollkommener Harmonie mit meiner Umgebung, mit meinem Partner/meiner Partnerin, mit meiner Familie, mit meinen Freundinnen und Freunden. Es ist eine Harmonie der morphischen Felder. Ich kann alte Muster in meinen Beziehungen jetzt leicht verändern. Die Dinge, die mich einmal an anderen gestört haben, berühren

mich nicht mehr. Die Urteile, die ich einmal über andere gefällt habe, haben keine Bedeutung mehr. In meinen Feldern sind nur Harmonie und Gesundheit.

Es ist ein wunderbares Gefühl, Harmonie in mir zu erschaffen. Die Harmonie ist tief in meinem Herzen und unterstützt mich wie eine Leben spendende Sonne. Meine Seele hat teil an derselben Harmonie, die im Universum wirkt. All das ist in mir. Harmonie ist im Innern wie im Äußeren. Harmonie zieht Harmonie an. Ich ziehe andere Menschen an, die sich auch in Harmonie befinden. Menschen fühlen sich von den Schwingungen meiner Harmonie angezogen. Ich ziehe sogar die Tiere an, weil diese sich gerne im Schwingungsfeld der Harmonie aufhalten. Menschen kommen zu mir, einfach nur, um in meiner Nähe zu sein. Durch die Harmonie in mir offenbart sich die Harmonie selbst. Ich spüre die Harmonie in jeder Zelle, in jedem Organ meines Körpers. Mein ganzer Körper funktioniert in vollkommener Harmonie. Ich öffne mich dafür, diese neue Art der Harmonie zu erschaffen. Ich öffne *mich dafür, auf meine Intuition zu vertrauen. Ich öffne mich der harmonischen Kommunikation mit meinen Geistführern und meinen Führungsengeln. Ich bin für den Rest meines Lebens in vollkommener Harmonie. Ich gehe in Harmonie zu Bett, ich schlafe in Harmonie, ich wache in Harmonie auf. Ich habe das Recht, dass die Harmonie sich in mir entwickelt und immer vollkommener wird. Ich bin eins mit der Harmonie. Ich bin Teil des Universums, und das Universum ist in Harmonie geschaffen. Ich verstehe die Einheit aller Dinge in mir und außerhalb von mir. Ich bin reine Harmonie.«*

Wenn du diese Übung für einige Zeit anwendest, etwa für drei bis vier Wochen, kann und wird dein Leben nie wieder so sein wie zuvor. Denn jetzt hast du das Bewusstsein, die Wahl zu haben, dein Leben im Dienste deines höheren Daseinszwecks zu führen oder eine andere Entscheidung für dich zu treffen. Welche Wahl du auch triffst, du brauchst dich dafür nicht zu verurteilen, denn im Leben geht es lediglich um Erfahrung.

Wenn du das Gefühl hast, etwas mehr für die Entwicklung deiner Bewusstheit machen zu wollen, kannst du den Text der nachfolgenden Übungen verwenden.

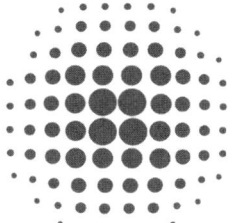

Übung:
Reprogrammiere deine DNS

»Die Zellen meines Körpers schwingen im Rhythmus von Lemurien. Meine gesamte DNS wird gereinigt und von den Erinnerungen meiner Vorfahren befreit.

Dies hat eine kraftvolle Heilwirkung auf alle meine Gelenke, alle Knochen, alle Wirbel, alles Bindegewebe und auch die Gelenkknorpel. Ich werde vollkommen verjüngt und regeneriert. Alles, was im kollektiven Gedächtnis meiner Ahnen gespeichert ist, was mit Rheuma und Arthritis zu tun hat, wird jetzt aus meinem Zellgedächtnis und meinen Gelenken entfernt. Mein Herz öffnet sich dafür, von jedem Schmerz und allem Leid geheilt zu werden, von aller Zurückweisung, allen Enttäuschungen, es entlässt die Erinnerungen an alle Momente, in denen ich mich ungeliebt fühlte und dies nicht verzeihen konnte. Mein Herz wird von allen emotionalen Wunden und Konflikten geheilt. Jede Erinnerung meiner Vorfahren an Krebs und Herzerkrankungen wird endgültig aus meinem System gelöscht. Aller Ärger, alle Irritationen, Schuldgefühle, alle Scham und alle Vorurteile werden aus meinem zellularen Gedächtnis entfernt. Ich fühle mich frei, freudig und gelassen.

Mein Ahnengedächtnis wird von allen belastenden Emotionen gereinigt. Auch die Leber und die Gallenblase werden von allem Ärger, allen Verletzungen und Frustrationen erlöst. Das gesamte Erbe meiner Vorfahren wird aus meinem zellularen und genetischen Gedächtnis gelöscht, alle Traurigkeit, aller Kummer und alles tiefe Leid, welches ich noch mit mir herumgetragen habe. Meine Lungen, meine Haut und mein Dickdarm werden auf der zellularen Ebene aktiviert und können alle emotionalen Toxine aus der Blutlinie meiner Vorfahren entfernen. Ich fühle mich leichter, freudvoller

und glücklicher als je zuvor. Mein Immunsystem wird von allen Infektionen, von allen
Krankheiten, die in meiner Familie vorge-
kommen sind, gereinigt.
Dies alles wird aus dem zellularen Gedächtnis meiner Thymusdrüse, meiner Lymphdrü-
sen, meiner Milz, meines Knochenmarks
und sämtlicher weißer Blutkörperchen genommen. Jede Neigung zu Allergien und
Auto-Immunerkrankungen wird jetzt elimi-
niert, sodass ich immer vitaler, gesünder
und auch glücklicher werde. Alle Ängste,
Unsicherheiten, jeder Mangel an Selbstvertrauen verschwinden auf der Stelle und machen Platz für Mut. Alles, wonach ich mich
je gesehnt habe, wird wieder präsent. Ich
spüre, wie ich von Mut, Kraft, Stärke und
Selbstvertrauen erfüllt werde. Sie schwingen bis in meine Nieren, bis in meine Blase
und sogar bis in meine Geschlechtsorgane.
Sie alle werden jetzt mit heilender Energie
aufgeladen und regeneriert. Sie sind voller
Vitalität und Leben. Alle Sorgen, Nervosi-
tät, alle Zukunftsängste, aller Stress werden
von mir genommen und bereinigt. Ich fühle

mich erleichtert, friedvoll und ruhig. Mein Magen und meine Bauchspeicheldrüse sind jetzt vollkommen regeneriert und im Gleichgewicht. Ich spüre viel mehr Frieden in meinem Herzen, während meine DNS systematisch gereinigt wird. Die Chromosomen der DNS werden so aktiviert, dass jugendliche Frische, Vitalität und ein langes Leben etwas völlig Selbstverständliches für mich werden. All meine Zellen schwingen jetzt in allen Farben des Regenbogens. Mein Gehirn, mein Nervensystem und meine Lymphe pulsieren im weißen Licht der Transmutation.

Mein ganzer Körper ist von der alten Energie gereinigt. Alles von meinen Vorfahren geschaffene Karma, das mir bis jetzt anhaftete, wird von mir genommen. Alle negativen und dunklen Energien verschwinden im weißen Licht, jeder Missbrauch, alle Flüche, alle Verbrechen, alles Unrecht, jeder Machtmissbrauch, sogar alter Ärger – alles, was ich schwingungsmäßig in meiner DNS und im zellularen Bewusstsein meiner Vorfahren mit mir herumgetragen habe, wird

*jetzt für immer von mir genommen. Ich bin
frei und vollkommen verantwortlich für meine Zukunft.*

*Meine Zirbeldrüse erstrahlt von ultraviolettem Licht. Meine DNS wird von diesem
Licht aktiviert, sodass Jugendlichkeit, Vitalität und ein langes Leben unterstützt werden – sie wird vor allen Faktoren, die potenziell Krankheiten auslösen, vor Leiden,
Schwächung, Degeneration, vor Parkinson,
multipler Sklerose, ALS, Allergien, Autoimmunerkrankungen, Krebs, Tumoren, Diabetes und allen anderen der Menschheit bekannten Krankheiten vollständig geschützt.*

*Ich bin umgeben vom durchscheinenden
goldenen Licht einer Pyramide. In meiner
DNS pulsiert jetzt die Neue Energie. Ich
erkenne, dass ich dadurch, dass ich mein
Leben lebe und mir eine großartige Zukunft erschaffe, auch für meine gesamten
Vorfahren die Tür zur Freiheit öffne. Ich
sende ihnen meine Liebe, mein Licht und
meine besten Wünsche. Ich empfinde reine Freude, weil ich die karmischen Ketten
gesprengt habe, die mich bisher davon ab-*

gehalten haben, mein Leben zu erschaffen, meine Zukunft zu gestalten. Meine DNS, mein Ahnengedächtnis und mein zellulares Gedächtnis sind nun vollkommen transformiert. Ich spüre Glück und das starke Gefühl, geliebt zu sein. Mein Herz ist offen, heil und bereit, sich immer weiter zu öffnen für Liebe, Wärme, Intimität und neue Abenteuer.

Ich erlaube es mir, diese neuen Ansichten in mein Bewusstsein zu integrieren. Ich bin es wert, erfolgreich zu sein; ich bin es wert, gesund zu sein und Glück zu erfahren; ich habe es wirklich verdient, wie ein Magnet günstige Umstände, materielle Fülle, liebevolle Beziehungen, tiefe Freundschaften, Glück und die Zukunft, die ich mir wünsche, anzuziehen. Es hat bereits angefangen. Ich spüre diese Kraft, die immer stärker und stärker in mir zu vibrieren beginnt.«

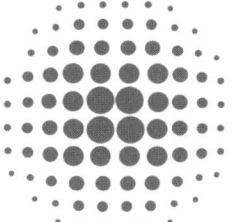

Übung:
Auf Heilung ausrichten

Auch der folgende Text gibt dir durch das tägliche Lesen über mehrere Wochen hinweg ein Bewusstsein für Heilung. Es kann sich sehr bald positiv auf deinen Körper auswirken. Richte dein Bewusstsein auf Heilung aus!

»Alle morphogenetischen Felder meiner erkrankten Körperteile, Organe und Gewebe stimmen mit der Blaupause für Heilung, Gesundheit, Vitalität, Erfolg und ein langes Leben vollständig überein.
Alle morphogenetischen Felder meiner Umwelt und der Erde stehen in vollkommenem Einklang mit mir. Die morphogenetischen Felder meines Körpers, meiner DNS, mei-

ner Seele und meines göttlichen Selbst sind miteinander synchronisiert und funktionieren harmonisch mit der göttlichen Essenz, der Familie und dem Familienstamm, mit der kristallinen und der magnetischen Resonanz dieses Planeten sowie mit dem kollektiven Bewusstsein der Menschheit. Alle diese Felder schwingen zudem in der Frequenz der Neuen Bewusstheit und der neuen Energie des Planeten. Dadurch werden alle Lektionen des Lebens mit Anmut, Leichtigkeit und Freude gemeistert.

Die Schwingungsfelder anderer Seelen, die nicht in mein Leben gehören, haben keinen Einfluss mehr auf mich. Auch die Energien von Menschen, die verstorben sind, von Angehörigen, Freunden oder anderen Menschen, die nicht in mein Leben gehören, werden sacht entfernt und ins Licht geführt, wo sie ihre Reise fortsetzen können. Alle Wesenheiten, dir mir anhafteten, sind entfernt. Meine Energie befindet sich in einer hohen Schwingung, sodass disharmonische Felder meines Körpers und Felder von anderen Seelen – mit Ausnahme der-

jenigen meiner Geistführer und meiner zu
Besuch kommenden Seelenfamilie – stets
erkannt, ausbalanciert und ins Licht geführt
werden. Meine Aura und das morphogenetische Feld meines Körpers sind durch diese
Energie mit einem Schutzschild versehen.
Sie werden regelmäßig auf Disharmonien
überprüft, und diese werden behoben,
sodass Heilung, Wohlstand, Gesundheit,
Vitalität und Erfolg optimal unterstützt werden. Selbst eine Disposition für zukünftige
Disharmonien wird sofort erkannt und kor-
rigiert. Das Feld meines Körpers ist lichter
und im Einklang mit meiner Umgebung,
meiner Seele, meiner DNS, dem Planeten
und meinen Vorfahren. Das morphogenetische Feld ist stets geschützt, und alle not-
wendigen Korrekturen werden selbstständig
vorgenommen. Während meines Schlafs
wird das optimale morphogenetische
Schwingungsfeld für beschleunigtes Lernen, optimale Gesundheit, die Anziehung
von Wohlstand, Geld, materiellen Dingen
und Fülle erschaffen. Das Geld wird mir
aus allen Richtungen zufließen. Ich bin ein

Magnet für Geld, Wohlstand, positive Situationen und neue kraftvolle Verbindungen mit Menschen.

Mein morphogenetisches Feld ist nun auf allen Ebenen auf Erfolg, Fülle, Glück, Freude und Gesundheit programmiert und diese Güter, die mir zufließen, kann ich leicht teilen und abgeben. Jede Nacht, wenn ich schlafe, werden meine morphogenetischen Felder wieder synchronisiert – mit allen Menschen in meinem Umfeld, mit dem Bewusstsein dieses Planeten, dem kollektiven Bewusstsein, mit Fülle, mit der Anziehung von schönen materiellen Dingen. Es fällt mir leicht und macht mir Freude, mein Glück und meine Güter mit anderen zu teilen.

Über den Autor

Im Alter von 25 Jahren begann Thorsten Weiss sich intensiv die Frage nach dem Sinn des Lebens zu stellen und wurde durch viele große Herausforderungen immer wieder dazu hingeführt, »hinter die Kulissen« zu schauen.

Sein früher Erfolg in Führungspositionen im Vertrieb und Marketing gab ihm die notwendige Erfahrung, um später als spiritueller Berater selbstständige Unternehmer zu neuem Denken zu motivieren.

Heute ist er Coach für Neues Bewusstsein, Meditation und Selbstheilung und erfolgreicher Autor. Als inspirierender Seminarleiter begeistert er seine Zuhörer und führt sie mit seinen geführten gechannelten Meditationen in tief greifende Heil- und Transformations-Prozesse.

Mit seiner Arbeit zeigt er Menschen, wie sie wieder in ihre volle Kraft zurückfinden können, um chronische Krankheiten und Krebs selbst zu heilen, Körpergewicht zu reduzieren und ihre Ernährungsgewohnheiten neu auszurichten. Aus der Sicht der Vollkommenheit lehrt er, die eigene Kraft so zu fokussieren, dass die Rückkehr in die eigene Wahrheit einfach zu entdecken ist.

Thorsten Weiss hat eine einfache Botschaft: »Wir leben in einer Zeitenwende, in der vieles bislang Undenkbare möglich wird. Genau jetzt ist der richtige Moment, dieses neue Bewusstsein zu aktivieren, um das eigene Leben gemäß den wahren Wünschen und Vorstellungen zu gestalten. Und jeder ist dazu in der Lage. Ich wünsche dir viel Freude und Vertrauen dabei, dies zu entdecken!«

Regelmäßig bietet er Fernkurse, Seminare, Vortrags-, Meditations- und Erlebnis-Abende an.
Er lebt mit seiner Partnerin in den Niederlanden.

Weitere Informationen unter: www.behealed.de